引き寄せの極意

あなたはうまく
使いこなせていますか。

山川紘矢
山川亜希子

興陽館

あなたは、どうですか?

あなたは、ちゃんと使いこなせていますか?

あなたの人生はあなたが引き寄せているのです。

感情的にならずに平常心でいるには
不安や怖れをなくすには
いい人間関係をつくるには
お金を引き寄せるには

本当の引き寄せの極意でうまくいくのです。

素晴らしいプレゼントがやってくるのです。

はじめに
「引き寄せの法則」はどんな瞬間に起こるのか

２００７年10月、ロンダ・バーンが書いた『ザ・シークレット』が日本で出版されました。その約1年後、今度は日本語字幕つきのＤＶＤが発売されました。この本とＤＶＤは、世界中で「引き寄せの法則」ブームを引き起こしましたが、日本でも瞬く間にベストセラーになり、「引き寄せの法則」は一躍有名になりました。

「引き寄せの法則」というと、「自分の欲しいものを引き寄せるための方法」であるという理解が最初は一般的だったと思います。そこで多くの人々が自分の欲しいものを引き寄せるために、本に書かれている事を実行しました。でも、うまくいく人もいれば、まったく何も起こらなかった人もいて、「引き寄せの法則」に対するさまざまな意見が輩出しました。そしてその後、あまたの「引き寄せ本」が出版されました。今もまだ、その動きは続いています。この本もそのひとつなのかもしれません。

実は「引き寄せの法則」は、ごく一般的に存在する法則にすぎません。その法則を使おうと使うまいと、私達の人生には日々、「引き寄せの法則」が働いています。あなたの思考、感情、行動、信念などが、人生に起こる事柄、現れる人々、身体的な状態など、全てをあなたに引き寄せているのです。その法則をうまく使って、お金を儲けよう、成功しようという本は、すでに100年以上前から何冊も出ています。つまり、思考を変えてもっとポジティブに全てを考えれば、人生は必ずうまくいく、というものです。『ザ・シークレット』はこのずっと以前から語り継がれ、すでに多くの現代の著者達によっても主張されている「引き寄せの法則」を、より鮮明に、より魅力的に提示することによって、世界中の多くの人々の心をうまくとらえた本なのです。

この本の功績は、自分がうまくいかないのは、運が悪いからだ、環境のせいだ、親のせいだ、教育がないからだ、などと思い込んで諦めていた人達に、「あなたは自分の思いを変えるだけで、もっと成功することができますよ」というメッセージを送ったことでしょう。思い癖は簡単には治りませんから、すぐに思考を変えることはできなくても、どこかで「自分の考え方が変われば、自分も成功できるかもしれない」という思いを植え付けたところなのです。そしてそれはとても大切なメッセージだったのです。

私達は『ザ・シークレット』の翻訳に思いがけないプロセスで関わることができました。自分で「この本を訳したい」と思ったわけではありませんでした。紘矢の翻訳教室、それも1回だけ開いたクラスに参加してくださった佐野美代子さんからこの本の話を聞き、角川書店に彼女のために問い合わせたために、私達も翻訳に関わることになったのでした。そこには、願いは実現するという「引き寄せの法則」はなかったように見えます。

でも、紘矢が角川書店に連絡する時、彼は佐野さんのためという純粋な思いで電話をしました。誰か他の人のために働くとき、私達の心は純粋です。純粋な心はとても高い波動を持っています。そして高い波動は良きことを引き寄せます。そしてその良きこととは、自分が思っているよりももっと素晴らしい事である場合がよくあります。というか、自分の頭では思いもよらないことであったりするのです。

そして実はそれが本当の「引き寄せの法則」なのです。私達が頭で思うことは、すでに自分の体験や知識の中にあるものです。でも、私達が高い波動を持っているとき、私達の思考を超えた高次の世界から、その高い波動に合った素晴らしいプレゼントがやってくるのです。それこそが、これからの時代、私達に起こってくる「引き寄せの法則」であり、それによる人生の開花なのです。

この本では、そのことについて、お話ししようと思っています。前半は、とても大切な基本的なことについて、簡単にわかりやすく書いてみました。

後半はもう少し具体的に、どのように自分を高めれば良いか、書いています。この中で、あなたの心に響く言葉や文章が見つかれば、この上ない喜びです。

2015年12月　山川紘矢
山川亜希子

引き寄せの極意★目次

第2章 「引き寄せの法則」をうまく使いこなすための極意

第3章 自分を愛する極意

第4章 スピリチュアルっていったい何なのか

第5章 思い込みを捨て、平常心を引き寄せる極意

第6章 いい人間関係を引き寄せる極意

第1章

「引き寄せの法則」ってなに

1

「引き寄せの法則」との出会い

「引き寄せの法則」は21世紀になって、世界中で大ブームになりました。このブームの仕掛け人はオーストラリア生まれのロンダ・バーンという女性でした。彼女はオーストラリアでテレビの仕事をしていました。

あるとき、彼女は、エスター・フィックスとジェリー・フィックス夫妻をテレビでとりあげました。そのとき、「引き寄せの法則」との出会ったのです。

フィックス夫妻は妻のエスターがアブラハムと名乗る精霊とチャネルし、好奇心旺盛な夫のジェリーがアブラハムにいろいろな質問を投げかけていました。夫のジェリーは若い頃から成功法則に関しては並々ならぬ興味を持ち続けていました。彼はもうかれこれ40年も前にナポレオン・ヒルの『思考は現実化する』を読んでお金についての考え方が一変し、以前だったら考えもしなかったような金銭的な成功を引き寄せることができたのだと語っています。

ロンダ・バーンは自分が以前、「引き寄せの法則」によって救われたこともあり、これをテーマに1本のDVDを制作することにしました。それが『ザ・シークレット』です。

2

「引き寄せの法則」の秘密

「引き寄せの法則」は21世紀になって突然うまれたわけではありません。すでに100年も前からあった考え方でした。ロンダ・バーンは自分の人生が完全に崩壊し、心身ともにぼろぼろになってしまったときに娘さんから1冊の本を贈られました。彼女はその本によって、自分が立ち上がることができた、と『ザ・シークレット』の中で書いています。その1冊の本は100年も前に書かれたウォレス・ワトルズの『富を「引き寄せる」科学的法則』（角川文庫）だったそうです。

そのような体験もあり、ロンダ・バーンは精霊アブラハムの言葉の中にあった偉大な宇宙の法則である「引き寄せの法則」に注目したのです。彼女はこの

「引き寄せの法則」に目をつけて、DVDを制作しました。彼女は映像制作、そして、人の関心を引き寄せる素晴らしい才覚がありました。

ロンダ・バーンはそれだけでなく、プレゼンテーションも巧みでした。「引き寄せの法則」があたかも新しく発見された「秘密の法則」であるかのように紹介しました。歴史上、名をなした偉人たちだけがこの「秘密の法則」を知っていたのだ、と発表したのです。その偉人たちとはプラトン、シェイクスピア、ニュートン、ユーゴー、ベートーベン、エマーソン、エジソン、アインシュタインなどでした。

そんな成功の秘密(「ザ・シークレット」)があるのならば、誰だって知りたいと思いますよね。このおもわせぶりな発表も、ロンダ・バーンの一流の才覚だったのです。ロンダ・バーンはフィックス夫妻を初めとして、多くの成功者たち、ジャック・キャンフィールド、ジョン・グレイ、ドナルド・ウォルシュなどにDVDに出演してもらい、成功のための大切な要素を語らせ、それらを巧みに「引き寄せの法則」と関連づけたのでした。そして、それらをまるでハリウッド映画のような見事な映像として見る人の心に響くようにとりまとめ、映像と見合う音響の効果もしっかりと使いDVDを作成したのです。

そして彼女は『ザ・シークレット』の映像をインターネットで流し、DVDの宣伝をしました。彼女の思惑どおり、ネットで人気を博するようになってから、次の手段として、今度は全ページにカラーを用いた豪華な『ザ・シークレット』の本を出版しました。そして、彼女の計画は成功し、ザ・シークレットブームを世界中で巻き起こしたのです。『ザ・シークレット』は世界中で2500万部という大ベストセラーになりました。そして「引き寄せの法則」はまるで日常会話の一部になるほど有名な言葉になったのです。

3 「引き寄せの法則」の人々

一方、フィックス夫妻は当初は『ザ・シークレット』のＤＶＤに登場する予定で映像までも創られました。しかし、その途上で、ＤＶＤ制作者側と著作権に関する意見の食い違いが起こったために、『ザ・シークレット』のＤＶＤからは降りることになり、最終的なＤＶＤには登場することはありませんでした。

フィックス夫妻は『ザ・シークレット』とは別個に独自に同じ２００６年に『引き寄せの法則』という本を出版しました。そして、こちらも「引き寄せの法則」のブームの一翼をになうことになりました。フィックス夫妻もある意味では『ザ・シークレット』のおかげで、世界的に有名になったと言えるでしょう。『ザ・シークレット』には多くの出演者がいましたが、ＤＶＤと本の成功のおかげで、世界的に有名になった人も多くいます。

1

「引き寄せの法則」という言葉の誕生

「引き寄せの法則」の言葉は英語ではThe Law of Attractionです。それ以前にもこの言葉は日本語でいろいろな言葉に翻訳されてきました。「引力の法則」とか「牽引の法則」などという言葉も使われてきたのですが、『ザ・シークレット』の翻訳の時点で、「引き寄せの法則」にすることにしました。その訳語は出版エージェントを通して、関連本出版の各社で、これからは「引き寄せの法則」という訳語を一斉に使うようにしようと言葉が統一されました。『ザ・シークレット』の翻訳で使った「引き寄せの法則」という言葉が各社から一斉に出たので、驚いたことをよく憶えています。それはエージェントが出版社に連絡して統一したのだと、後になって聞かされたのでした。

5

精神世界が創られる

私たちがスピリチュアルな本の翻訳家になってから30年はたとうとしています。最初に翻訳した本がシャーリー・マクレーンの『アウト・オン・ア・リム』という本でした。出版は1986年でした。この本は日本でスピリチュアルな考え方が一般的になるために大きな役割を果たした本でした。それまでは一部の探求的な人々の間で密かに読み継がれていた分野が精神世界でした。精神世界という名称も1980年代に関係者が集まって創られたのだそうです。

日本でも名前が知られていたハリウッドの女優が書いた体験的な本ということで、この『アウト・オン・ア・リム』（角川文庫）は世界に大きな衝撃を与えた本だったのです。そのころは、輪廻転生については欧米ではまだ、あまり一般的には信じられていませんでした。

シャーリー・マクレーンはその後も、引き続き、何冊かの本をシリーズで出し、いずれも多くの人々に読まれました。その後、次第にスピリチュアルな本が出版されるようになり、多くの人々に精神世界、つまりスピリチュアルな世界が知られるようになりました。20世紀の終わりになって、『前世療法』『聖なる予言』『神との対話』などがそれぞれの役割を担って登場してきました。日本ではテレビで美輪明宏、江原啓之の「オーラの泉」が放映されるようになり、スピリチュアルという言葉が次第に一般的に受け入れられるようになってきたのです。

6

『ザ・シークレット』に引き寄せられる

あるとき、翻訳を始めたい人を助けたいという思いがやってきたので、自宅に近い玉川学園コミュニティセンターで、紘矢が「お話の会」を開きました。そこで、自分がスピリチュアルな本の翻訳家になったいきさつを話し、翻訳したい本が見つかったとき、本の翻訳、出版に持ちこむためにはどうしたらよいかというお話をしたのでした。この会は、後にも先にもこれを1回、開いただけです。この会に佐野美代子さんが現れました。そして「どうしても『ザ・シークレット』を翻訳したいのだけれど、翻訳の経験がない自分にはなかなかその翻訳のチャンスがまわってこない、どうしたらよいでしょうか」と話しました。そこで、出版社にはやや知られていた紘矢が出版社と交渉してみましょう、ということになりました。そして佐野さんと僕たちの共訳という形でやらせていただくことになったのです。僕としては少しばかり勇気のいる行動でしたが、すべてはうまくいきました。『ザ・シークレット』の日本での出版がうまくいったことはとても嬉しいことでした。たまたま直感にもとづいて、そのような会を開催し、その情報を何かの形で佐野美代子さんがキャッチし、彼女の出版界デビューのきっかけになったことは不思議と言えば不思議です。やはり、見えない力が働いていると思わざるを得ない一連の流れだったような気がします。佐野美代子さんの強い思いが宇宙に放たれ、それによって、紘矢が突き動かされたようなのです。まさに「引き寄せの法則」がとてもうまく働いた成功例の一つではないでしょうか。

7

「引き寄せ」のブームが起きる

ロンダ・バーンの『ザ・シークレット』の出版は、日本にも「引き寄せ」のブームを引き起こした意味では大きな役割がありました。多くの読者はどうしても「お金」を引き寄せたい、「素晴らしい家や、高級な車」を引き寄せたいという気持ちで、こうした「引き寄せ」本に引き寄せられてきますが、すでにスピリチュアルなことに精通している人々は、『ザ・シークレット』は単にエゴを満足させるための法則であり、この本をスピリチュアルな本としては認められないと思うかもしれません。しかし、『ザ・シークレット』がスピリチュアルな世界への入り口になることは大いにありえたのではないかと思います。

このアセンションの時代に、日本でもこれほどの「引き寄せ」ブームが起こったことには、それなりの見えない深い意味があるように思います。今、多くの人々が、宗教とは係わりなく、スピリチュアルな世界に関心を持つ時代がやってきているからです。

日本で『ザ・シークレット』が発売されたのは2007年のことでした。その後、おびただしい数の「引き寄せ」に関連した本が日本で出版されてきたことを思うと、この「引き寄せ」本のブームは2012年のアセンションブームと共に、特別の役割をもっているような気がします。

8

「引き寄せの法則」が教えてくれること

「引き寄せの法則」は簡単に言えば、欲しい物を手にいれ、なりたい人物になり、やりたいことはなんでもできるようになる、人生を思い通りに生きる方法、と言えるかもしれません。しかもその方法は一見、簡単そうに見えます。ただ思い、イメージし、受け取るというのですから。しかし、これは大きな誤解です。「引き寄せの法則」はそんなに単純で簡単なツールではありません。だからといって、「引き寄せの法則」はインチキだとまったく無視してしまうのはとてももったいないことです。「引き寄せの法則」を学ぶことによって、人生が思い通りになる世界に生きることが本当にできるようになるからです。世界中で今の時代にとても多くの人々の注目をひいたことは偶然ではありません。「引き寄せの法則」をとことん探求していけば、どのように幸せを引き寄せたら良いかがわかってくるからです。それは本当の自分を知るという覚醒の世界にも繋がっているのです。

9

「引き寄せの法則」は幸せな人生への入り口

「引き寄せの法則」を学ぶことは、とても深い意味があることだと思います。自分が何を望んでいるかがわかるからです。人間にとって大切なこと、幸せのあり方、自分自身の生き方が学べるようになります。「引き寄せの法則」は「宇宙の成り立ち」に繋がっていると言ったら少し大げさでしょうか。

ロンダ・バーンは『ザ・シークレット』を出版してから、シリーズ本を次々と出版しました。それらは『ザ・パワー』であり、『ザ・マジック』でした。これらの本は単にものを自分に引き寄せる秘密を超えています。もし、あなたが、「引き寄せの法則」のような、そんな魔法のような方法があるのかな、自分も「引き寄せの法則」をうまく使いこなして、ワクワク感じて、すべてを前向きにとらえてみよう、と思えたら、あなたはきっと「引き寄せの法則」が大好きになり、やがては、この宇宙を支配している大きな力やパワーのことを勉強したくなりますよね。「引き寄せの法則」を十分に使いこなせるようになったら、素晴らしいことです。そのときには、もう「引き寄せの法則」なんか必要ではなくなる、なにも意識しなくても人生が自分の思うとおりになるでしょう。あなたは幸せになり、必要なものはすべて自分に引き寄せられていることに気がつくようになるでしょう。

10

「引き寄せの法則」はすべてに働いてる

さて、「引き寄せの法則」について知っておかなければならないことは、実は「引き寄せの法則」は道具ではないということです。「引き寄せの法則」はあなたが気がついていようが、いまいが、もうすでにいつの時点でも、すでに存在し、常に働いている「宇宙の法則」なのです。そういう意味では「引き寄せの法則」は「万有引力の法則」と同じように、私たちが意図しようと、しまいと、すべての人に働いているのです。「あなたはあなたが思っているとおりの人になる」、という言葉はお釈迦様の言葉です。あなたの周りをみてください。あなたが引き寄せたものばかりではありませんか。自分の人生そのものだって、あなたがつくりあげたものなのです。他人から与えられたものではありません。一体、あなたは何ものなのでしょうか。「引き寄せの法則」がスピリチュアルな世界の入り口というのは、「あなたは自分自身の中を見なければならない」という方向に導かれて行くことになるからです。

11

「引き寄せの法則」が育てるもの

多くの人は「引き寄せの法則」を、富や物を引き寄せるツールと勘違いしてしまったようです。それには多分に『ザ・シークレット』に、あまりにも簡単そうに書かれていたからかもしれません。まるでツールのように表現されているからです。

『ザ・シークレット』には、
第1段階、宇宙にお願いする。
第2段階、信じる。すべてがすでに手に入ったと信じる。
第3段階、受け取る。
この3段階だけです。

何かとても簡単なおまじないのようです。

ここが誤解のもとだったかもしれません。しかし、よく読んでみればそれはツールではないことがわかります。

『ザ・シークレット』を何回もよく読んでみれば、大切なことが沢山書かれています。どんなことが書かれているか見てみることにしましょう。人は自分のわかる範囲のことを理解し、自分の読みたいように読んでいます。「引き寄せの法則」を説明している部分を見てみましょう。

○「その原則は簡単な言葉に要約できます。『思考は現実化する』です！」この最も強力な法則により、あなたの考えている事が現実になります。あなたの思考が現実の物になるのです！（『ザ・シークレット』p27）

○「いつも考えている事とか心の持ちようが磁石です。そして、この法則は同じようなものを引き寄せます。つまり、物事の結果とはあなたの心の持ちようなのです」(『ザ・シークレット』)

○自分がマイナス思考であることを心配し出すと、マイナス思考をさらに引き寄せてしまいます。その結果として、さらに心配を倍増させてしまうのです。今すぐ、プラス思考をする決心をしましょう。(『ザ・シークレット』)

○プラス思考とは愛と感謝の気持ちだということを覚えておきましょう。心配はしないでください。心配していることに気がついたら、――心配するのはやめよう――と決心することです。一番の秘訣は感謝と愛の念をすべてに送ることです。欲しいものがあったら、それに愛の念を送りましょう。そして何よりも、今あるものに感謝して、幸せ感を感じることです。すると驚くほど人生が好転してくるのです。神にいつも感謝する、それが一番の近道です。(『ザ・シークレット』)

○自分の頭の中で欲しいものを明確にすると、それを磁石のように引き付けます。同時にあなたもそれに向かって磁石のように引き付けられます。それを習得して、「引き寄せの法則」で物事があなたに引き付けられてくるのを体験すると、あなたという磁石も成長します。つまりあなたがより強い信念や信仰や理解力を身につけたということです。(『ザ・シークレット』)

○先ず感謝することから始めなければなりません。すると「引き寄せの法則」がその気持ちを受け取り、同じものをあなたに返してきます。すると、あなたは感謝の周波数に完全に同調し、良きもののすべてが、あなたのもとにもたらされるのです。(『ザ・シークレット』)

○大きな家が欲しい、仕事が上手くいって欲しい等、外的なものを欲しがります。人は幸せになれると思い、外的なものを追求しています。しかし、それは逆なのです。あなたは、もっと内なる心の喜び、心の平和、心に抱くビジョンをまず追求すべきなのです。すると、外的なものがすべてやってくるのです。

（『ザ・シークレット』）

「引き寄せの法則」は物質的なものやお金を引き寄せるためのものと勘違いしてはなりません。目に見えない心の平和や感謝や愛の気持ちをまず、自分の心の中に育てるのです。そうすると、あなたに必要最適なものがすべて引き寄せられてくるのです。

12

「引き寄せの法則」は自分自身を学ぶこと

『ザ・シークレット』をよく読んでみれば、しっかりと、「引き寄せの法則」は物質的なものやお金を引き寄せるものではない、と書いてあることに気がつくでしょう。「引き寄せの法則」は、まずは愛と感謝を学ばなければならない、とロンダ・バーンは言っているのです。彼女は『ザ・シークレット』のあとに、『ザ・パワー』と『ザ・マジック』を書きました。きっと、『ザ・シークレット』だけでは説明が十分ではないと感じたからでしょう。

『ザ・パワー』では「引き寄せ」の力は愛の力であることを強調し、『ザ・マジック』では感謝の大切さを示し、28日間ワークをすることによって、感謝できるようになる魔法のレッスンを提示しています。こちらも、ぜひ挑戦してみてください。訳者としては『ザ・パワー』が愛について詳しく書いてあるので、第2弾を訳しながら、とても良い本だと感じました。

13

「引き寄せの法則」の間違った使い方

簡単な例で示すとこうなります。あなたはお金が沢山欲しいと思います。そこでお金のことを強く強く考えます。するとお金が引き寄せられてくるでしょうか？　そんなことはありませんよね。こんなにお金が欲しい欲しいと強く望んでいるのに、どうして「引き寄せの法則」が働いてくれないのだろうと思いませんか？　でも「引き寄せの法則」が簡単でないのはそこです。あなたがお金が欲しい欲しいと思っているとき、自分にはお金がない、お金がない、というメッセージを波動として宇宙に送りだしているのです。すると宇宙はあなたに「お金のない状況」を実現してしまうのです。「引き寄せの法則」がうまく使いこなせないのはそこなのです。あなたは逆のメッセージを発信してしまっているのです。

14

「引き寄せの法則」は自分を知るためのツール

「引き寄せの法則」を学ぶことは自分自身を学ぶこと、自分が自分をどう思っているかがわかってくるという素晴らしい意味をもっています。私たちは自分の現実を自分で創っているのです。少し考えてみれば、あなたの身の回りにあるものはあなたがこれまで自分の周りに引き寄せたものばかりです。あなたの家もあなたの仕事もあなたのパートナーも、すべてはあなたが無意識だったかもしれませんが、「引き寄せの法則」にのっとって、自分に引き寄せていたことに気がついてください。「引き寄せの法則」が今世界的にいろいろ議論されているのは「原因と結果の法則」がいつの時代にも多くの人々に役にたっているのと同じです。あなたの人生はあなたが創造しているのです。この認識はとても大切です。ということは、「引き寄せの法則」をうまく使うためには、自分自身をよく見ることが必要だということです。あなたが外に見ている世界は、あなたが引き寄せたもの、つまり、あなたの中にあるものが外に形となって現れているのです。あなたの周りの世界は愛に溢れていますか？　それとも、とても冷たい愛のない世界ですか？

「引き寄せの法則」はあなたの外側に起こる現実であるように思っているかもしれませんが、実はあなたの中にあるものが波動として外に放射され、あなたの出している波動があなたの波動と同じ世界をあなたの外に作り出しているのです。

「引き寄せの法則」は「波動の法則」だと理解したほうがわかりやすいかもしれません。あなたが良い波動を出せば、素晴らしい現実があなたの周りに作り出されるということです。

15

あなたが引き寄せたいものは何でしょうか？

そう考えてくるとあなたが良い波動を出していれば、あなたの周りには同じ良い波動を出している仲間が引き寄せられてくるということになります。あなたの引き寄せたいものは何でしょうか？　もし、あなたが、愛と幸せを引き寄せたいと思っているのであれば、それを引き寄せるためには自分が愛になること、幸せになること、自分が平和になること、それしかありません。それが「引き寄せの法則」の真実なのです。波動を高めるためには自分をもっともっと愛することです。

第2章

「引き寄せの法則」をうまく使いこなすための極意

ここからが本題だと思ってください。

「引き寄せの法則」を学んで行くうちに次第にその使い方のコツがわかってきます。そのコツを簡単に箇条書きにしてみようと思います。

1、「引き寄せの法則」とは
2、自分の人生は自分の責任である
3、波動を上げよう
4、心配しないこと、ポジティブに考える
5、信心深くなること
6、感謝すること
7、愛に目覚めること
8、必要なものはすでに与えられている
9、自分が変われば世界が変わる
10、他人を変えることはできない
11、宇宙を信頼しよう

12、宇宙と繋がること、「ハイヤーセルフ」と繋がること
13、気分の良くなること、気持ちの良いことをする
14、自分の得意なこと、好きなことをする
15、夢を諦めないこと
16、ワクワクすることをする
17、自分の使命を知ること
18、歌って、踊って、笑って生きる
19、健康に良いことをする。ヨガ、ウォーキング、呼吸法、ダンス
20、仲間を作って楽しむ
21、人との関係
22、「鏡の法則」と「引き寄せの法則」
23、マインド思考からハート思考へ
24、幸福と不幸を分けるものは?
25、本当の幸せとはいったい何?
26、どうすれば本当に幸せになれるの?

27、幸せを引き寄せるちょっとしたコツ
28、お金を引き寄せる方法
29、成功を引き寄せる方法
30、「ありがとう」は幸せを引き寄せる魔法の力
31、人生を十分に楽しむ

1

「引き寄せの法則」3つの大切なこと

自分の願いがすべて簡単に叶ったら、どんなに素晴らしいことでしょうか。誰もがもっと豊かになりたい、もっと幸せになりたいという願いをもっているのではないでしょうか。そしてそこに登場してきたのが「引き寄せの法則」でした。

「引き寄せの法則」が今の時代にこのように多くの議論を巻き起こしているのは、やはり、何か大きな意味があるのではないかと思います。

お金持ちになりたい、そのためにお金を引き寄せるにはどうしたらいいのか、という議論が100年前に起こりました。ナポレオン・ヒルの『思考は実現する』とか、ジェームス・アレンの『原因と結果の法則』、ウォレス・ワトルズの『富を「引き寄せる」科学的法則』など、数え切れないほどの本が出版されています。１００年以上も前から、どのようにしたら、豊かで幸せな人生を送れるか、どうしたら成功できるのかについては、いろいろ議論されてきたのです。21世紀になって、ロンダ・バーンが『ザ・シークレット』のＤＶＤを作ったことから、世界中で、どうしたら「引き寄せ」がうまく行くかについての議論が再びブームになりました。どうしたら豊かになるためにはどうしたらよいのか以上の意味を含んでいるのではないでしょうか。このブームは豊かになるためにはどうしたらよいのか以上の意味を含んでいるのではないでしょうか。このブームを通して、より深く、宇宙の法則と人間の生き方が問われているような気がします。

「引き寄せの法則」は思考するだけでは十分ではない、行動が伴わなければならないとか、思考も引き寄せの重要な要素ではあるけれど、大切なものは波動であり、波動こそが同じ波動のものを引き寄せているのだ、などと議論の種はつきません。

いろいろな議論のある中で、ヴィジョンを描くこと、気分をよくすること、波動を上げることのこの３つが大切ではないかと思っています。すると「引き寄せの法則」を使って欲しいものを引き寄せよう、というのではなく、あなたが幸せになれば、必然的に欲しいものは手に入ってくるということに気がつきます。

そうだとすれば、大事なことは、どのように生きればいいのか、どうしたら平和で安心した日々を送ることができるのか、という問題と、深く繋がっていることがわかります。つまり、スピリチュアルな成長をして、自分自身が何ものであるかを発見していくことなのです。

では自分の成長にとって、知らなければならないことを見て行きましょう。

2

自分の人生は自分の責任だと悟ること

「自分の人生は自分の責任だよ」というとなんとなく厳しいように思うかもしれません。父親と対立している人、自分の息子とケンカ状態の人、夫婦関係がうまくゆかない人、お金がない人、どう生きたらいいかわからない人、病気の人、手足の不自由な人、認知症の人、本当にいろいろな人がいます。大変な問題を抱えている人に「自分の人生は自分の責任だよ」とは言いたくありませんが、自分の人生は自分でどうにかできる、誰にもその力があるということです。あるいは「自分の人生は自分で創造している」ということはまぎれもない事実なのです。だからといって、弱い立場の人を見放そうとしているのではありません。そこは誤解のないようにしてください。でも、自分の人生としっかりと向き合うとき、やはり、「自分の人生は自分の責任だ」と気がつきましょう。そこから私たちは出発できるのです。誰のせいでもありません。自分の人生は自分でなんとかできる。自分の人生のすべては自分が「引き寄せ」ているのです。

3

波動を上げよう

「波動を上げよう」と言うとき、なぜかと言えば、波動を上げれば、人生はすべからく、うまくいくようになっているからです。

「引き寄せの法則」は実は波動の法則でもあるのです。それは同じ波動のものは互いに引き寄せあうからです。自分の波動を高く保っていれば、波動の高いものごとが引き寄せられてきます。波動の高いもの、それは喜び、自信、自由、愛、感謝、情熱、熱意、やる気、幸せ、満足感などです。「引き寄せの法則」をうまく使いこなせる人は波動の高い人なのです。このことさえわかれば、「引き寄せの法則」は簡単です。

愛、感謝、幸せ、自由、情熱を持つことによって、素晴らしい人生を引き寄せることができるようになります。ワクワクすることをして、大いに笑うこと、いつも感謝の気持ちをもつこと、自分を愛することなどです。自分なんて愛せない人も、「自分を愛せない自分」を受容し、認め、許して、そのままるごと愛してあげるのです。まずはそこから始めなければなりません。いつも波動を上げることだけを考えましょう。波動の高くなる行動をえらびましょう。それには楽しいことをすればよいのです。

4

心配しないこと
人生をポジティブに考える

僕はずっと心配ばかりする人間でした。あるとき、僕についている精霊から「心配するな」というメッセージばかりがやってきました。

どうしたら心配しなくなれるのでしょうか？　心配している自分にその都度「気がつく」、それだけでいいのです。心配している自分に気がついたら、「心配しなくてもいいんだよ」とやさしく自分に言い聞かせてあげてください。僕はそうしているうちに心配する度合いもだんだん少なくなっていきました。何事があっても、悪い面を見るのではなく、良い面を見る習慣をつけましょう。今の状況がどんなに悪く思えても、これからは良くなる一方なのですから。すべては良きことのため、学ぶために起こっているのです。「すべてはうまくいっている」「すべてはうまくいっている」と両手でVサインをつくって振ってみるのもよいでしょう。「引き寄せ」もきっとうまく行くと信じていれば、結果はだんだん良くなっていきます。

5

信心深くなること

あなたは神様を信じていますか？　僕は40代になるまで、神様など絶対にいないと思っていました。人間は弱い生きものなので、人間が想像力によって神様を想像して創り上げ、神様にすがっているのだと本気で思っていました。だから宗教なんて嘘っぽいと思っていたのです。（今でも宗教は必要ありませんが）。孤独な人、病弱な人、不幸な人が宗教にたよっているのだと思っていたのです！　今では180度変化しました。神様なんかいない、と思っている人が信じられません。すべては神のみわざでこの世は成り立っているのだと気がつきました。宗教は信じなくてもいいと思います。しかし、大いなるものの力は認めましょう。すべては神のなせるわざ、そして私たち人間は皆神の創造物であり、私たちはその神の一部なのです。私たち一人ひとりが自分の人生を創造しているのです。この創造力を「引き寄せ」と呼ぶこともできるでしょう。「引き寄せ」のパワーとは「愛のパワー」だとロンダ・バーンは『ザ・パワー』の中で言っています。神という言葉が受け入れられないのであれば、宇宙、源、自然、究極の存在、大いなる存在など、なんでも自分にしっくりくる言葉を使ってください。自分を神と信じてもいいでしょう。それが事実なんですから。

6

感謝すること

感謝することで人生が変わることは、スピリチュアルな世界のことを学んでいる人の間では常識と言ってもいいでしょう。まさに、「ありがとうは魔法のことば」です。また、感謝することこそ一番波動を上げることなのです。「ありがとうございます」とはなんとさわやかで美しい日本語なのかと思っています。なるべく沢山、「ありがとう」を言うようにしています。買い物をしたときのレジで、バスを降りるときにも大きな声で「ありがとうございました」と言います。「引き寄せの法則」では感謝が大切であることを繰り返し強調しています。聖書には「感謝する人はより多くを与えられ、豊かさを手にいれます。感謝をしない人は持っているものまでも取り上げられてしまいます」と書いてあります。『ザ・マジック』には感謝の習慣がつくように28日間の魔法のレッスンが載っていますから、ぜひ挑戦してみてください。感謝をするようになれば人生が変わります。

7

愛に目覚めること

愛って何でしょうか？　僕が精霊に教えてもらったときのことは衝撃でした。死ぬまで忘れられないでしょう。ある日、精霊からのメッセージで「とし（僕のことです）は愛を知らない。今晩、愛を教えよう」というメッセージが自動書記によって出てきたのです。僕としては精霊からおまえは「愛を知らない」などと言われて大いに不満を感じました。自分では十分に愛を知っていると思っていたからです。「また精霊が嘘をついているのだろう」と反発心からそう思いました。以前、精霊のメッセージが正しくなかったことがあったからです。（もちろんそのときには精霊が嘘をつく正当な理由があったわけですが）。その夜はそのまま眠りにつきました。朝方、僕はヴィジョンを見せられていました。地球を遠く離れた宇宙から美しい地球をながめていました。そのとき、僕は地球が愛の中に浮かんでいるとはっと気がついたのです。あまりにも美しい情景に泣き出してしまったほどでした。そのときから僕はすべては愛だと確信できるようになりました。私たちは愛の中に生きている愛の存在そのものだとわかりました。すべては一つ、それは愛だと確信しています。「引き寄せの法則」を特に使わなくてもいつも愛そのものの中に生きていると感じています。魚が水の中にいて水に気がついていないように、私たちも愛の中に生きていて、愛に気がついていないのだと思います。

8

必要なものはすでに与えられている

「引き寄せの法則」を使うとき、引き寄せようと思うものはすでに与えられているという感覚を持つことが大切だと言われています。感謝と喜びの感覚です。必要なものはすべて、すでに与えられている、ここにある、と想像して、喜びと感謝を感じればいいのです。あなたに足りないものはありますか？　でも実際には、生きていくために日々必要なものは与えられていますよね。私たちはどんなに貧しいときも、なんとか生きのびてきました。もしあなたが足りていないと思えば、足りていないという波動を発信していることになり、宇宙はその足りない状況を現実として作り出すのです。それが「引き寄せの法則」なのです。あなたが思っていることが現実になるのです。そこで見方を180度変えて、必要な物はすべてすでに与えられていると思うことが、ますますあなたを豊かに充実させるのです。すでにお金は必要なだけは与えられています。気がつけば愛の中に生きています。そして人間は誰もがここに存在しているだけで十分な価値があります。すべてはすでに与えられていることに気がつき、いつもそのことに感謝し、ますます素晴らしい人生を「引き寄せ」ていきましょう。

9

自分が変われば世界が変わる

自分のパートナーや、自分の子供、そして世界を変えようと必死にがんばっている人々がいます。それがいけないと批判するつもりはありませんが、自分が変わったとき、自分の周りのすべてが変わります。まずは自分が変わることです。あなたの思考が変われば、あなたの出している波動が変わります。するとあなたのいる場所、環境が変わります。「引き寄せられる」世界が変わるのです。

あなたが変われば、あなたの環境までが変わり、あなたに好意を持つ人達が集まってきます。楽しい人になりましょう。楽しむ人になりましょう。感謝する人になりましょう。あなたの波動を上げることをしましょう。楽しんでも良いのです。自分を世界の中心と思って生きましょう！

10
他人を変えることはできない

他人は他人です。他人をコントロールすることはできません。まず自分自身が変われば、あなたの周りの人が変わるでしょう。他人に対する見方を変えましょう。ネガティブな見方を変えて良いところをさがし、ポジティブな見方をすれば、人間関係が良いものに変わります。自分が変われば、他人が変わるのを目の当たりにします。他人の良いところを褒めてあげましょう。1日1度でも、実行してみましょう。

「世の中には変えられるものと変えられないものがある」と言われています。しかし、自分の思考、見方を変えれば、世界全体が変わるのです。

自分を変えるためには自分をよく見ることが大切です。そこに気づきが起これば、今まで当然だと思っていたことが当然ではなかったことに気がつくことでしょう。自分の「思い込み」「勘違い」など、自分の思考に気づくことによって、目から鱗がおち、世界が変わる体験です。地獄のような冷たい競争社会も暖かい助け合いの社会に変わります。人の素晴らしさ、人の愛が見えるようになります。自分の素晴らしさにまずは気がつくことです。

11

宇宙を信頼しよう

信頼が大切なことは、もしスピリチュアルな教科書があるとしたら、一番初めに書いてあるにちがいありません。じたばたしないことです。すべては時が解決してくれるということもあります。宇宙は愛であり、神であると僕は思っています。神は愛そのものですから私たちを愛し、いつも癒やしてくれているのです。ビートルズの「レット・イット・ビー」という言葉は「そのままにしなさい」と「そのままで、そのままで」という意味です。宇宙を信頼してそのままにすればいいのです。トータルサレンダー、全面降伏でいいのです。僕は気分の悪い日はそのまま寝てしまうことにしています。何事も宇宙を信頼します。「なるようになる」でいいのです。「起こることは起こる」のです。それも、その都度、自分に一番いいことが起こるのだと、信頼できればいいのです。でもそんなふうにはなかなかなれないことも事実だと思いますが、今、そうなれない自分も受容してあげましょう。「時が解決してくれる」ということはあります。布団の中に潜り込んで、泣きたかったら、泣きましょう。宇宙はあなたを暖かく愛し、見守っていてくれるでしょう。

12 宇宙と繋がること

「汝自身を知れ」「自分自身を知りなさい」という教えは精神世界ではとても大切なことです。「自分自身を知れ」とはソクラテスの言葉と言われていますが、これは元々はギリシャの「デルファイの神託」、つまり、神から降りてきた言葉です。自分のことは自分が一番よく知っていると誰もが思っていると思いますが、実は自分自分と、自己を主張しているのはあなたのマインドなのです。本当のあなた自身ではありません。「自分とは何か」と考えたとき、自分とは自分の身体ではなく、自分のマインドでもなく、自分の感情でもありません。身体やマインド、感情は自分の意識があってこそ存在しているのです。意識という目に見えない命のエネルギーが本当の自分なのです。これが「ハイヤーセルフ」あるいは「魂」などと呼ばれているのです。自分とは何者なのかを探求していくと、自分の中にある魂に行きつきます。魂はハートに宿っているのです。ハートのことを「魂の座」と呼ぶこともあります。人が魂、あるいは「ハイヤーセルフ」と繋がったとき、あなた自身が神と繋がっています。そのとき、すべては自分の思い通りになっていることがわかります。あなた自身が神であり、創造主でもあることもわかってきます。あなた自身が自分の人生の主人だとわかるのです。そうなったとき、あなたは本当の自分を生きはじめます。

日々、必要なことが起こり、自分のなすべきことを喜びをもって行うようになり、それが自分のためだけでなく、すべての人のためになっていることに気がつくことでしょう。それが宇宙と繋がったあなたなのです。

13 気分の良くなること、気持ちの良いことをする

「引き寄せの法則」を学んで行くうちに気がつくことは、気分が良いと「引き寄せの法則」がうまく働くということです。自分に何か足りないからもっと欲しい、欲しいと不足から物を引き寄せようというのではなく、より明るい感謝の気持ちで、こうなったらさらにいいなというヴィジョンを描き、そのことが実現する確信を持つこと、その気になること、それが「引き寄せの法則」をうまく働かせるコツなのだとわかってきます。つまり、ネガティブな思考をしたり、ネガティブな言葉はつかわないようにしていくのです。物事のよい側面を見ます。足りないものに意識をフォーカスするのはやめて、今あるものに感謝するようにしていきます。自分の波動を上げるために、自分の健康にも留意し、健康に良いものを選ぶようにします。自分の周りにある美しいものに目を向け

ます。楽しく、自分の気持ちを高めてくれるサークルや友達を選ぶようにしましょう。食事をするときも、ゆっくりと感謝して味わいます。電車の中で席を譲ることも、自分の気分を良くしてくれます。ありがとうと小さなことにも感謝する自分をますます好きになります。自分を好きになることが「引き寄せの法則」に関係しているなんて、と思うかもしれませんが、自分を好きになれば、気分が良くなる、そして、気分が良くなることが「引き寄せの法則」をうまく働かせるコツなのです。

14

自分の得意なこと、好きなことをする

仕事を選ぶときは自分の好きなこと、自分の得意なことを選ぶのが鉄則です。ところがどうでしょうか？　自分の好きなこと、得意なことがわからない、という人も多いのではないでしょうか？　親の希望で好きでもない家業を継ぐことになって大変な目にあっている人も多いのではないでしょうか？　自分に向いていなかったら、たとえ、親の意向に反してさえも、自分が本当にしたいことをする、それが今生、生まれた自分を大切にする方法です。芸能界に進みたいと思っても両親はその子供のことを考えて浮き沈みの激しい芸能界に進ませてくれない、などという話はよく聞きますし、自分の知人にも自分が本当に進みたい道を泣く泣く諦めた人もいます。

僕は子供のころ、自分の向いている職業などは考えたこともありませんでした。勉強をしていい大学を出ればいいのかと思っていました。東大に行けばいい、東大なら法学部、法学部なら司法試験と国家公務員試験を受けること、勉強が好きだったので、それで良かったのだと今ではすべてを肯定的に見ていますが、まさか、自分が翻訳をしたり、本を書いたり、講演をするようになるとは思ってもいませんでした。でも人々にスピリチュアルなことをお話しして少しでも自分を好きになっていただけたら、とても嬉しくワクワクしますから、今の仕事が自分の適職、自分にぴったり合っていると思っています。スピリチュアルに関心のある人であれば、誰もが自分に一番向いている仕事や職業に自然に導かれて行くのかもしれません。今自分のしていることに心をこめて楽しむようにしてください。いつか、自分の得意なこと、好きなことを自分がやっているときっと気がつくのではないかと思います。

15 夢を諦めないこと

あなたの夢は何でしょうか？　心に夢を抱いていますか？　夢の方向へ少しずつでも進んでいますか？

あなたがあなたの夢に向かって歩み始めれば、宇宙があなたを助けてくれる、というのがパウロ・コエーリョの『アルケミスト』のテーマです。スペインの羊飼いの少年サンチャゴは同じ夢を何回も見ました。それはエジプトのピラミッドの近くで宝物を見つける夢でした。彼は自分の羊を売って、アフリカに渡ります。そしてエジプトまで行ってみようと思うのです。途中で、泥棒に出会って、お金を取られて無一文になったり、何度か大変な目にも遭いますが、いろいろな経験をし、いろいろな人に出会うことによって成長していきます。どんなことがあっても、いつも夢を諦めずにピラミッドを目指します。そしてとうとうピラミッドの近くで宝物を見つけるのですが……。

『アルケミスト』は世界中で読み継がれている物語です。世界的なベストセラーになり、今も、そしてこれからも多くの人々に夢の大切さを教えてゆくことでしょう。あなたの夢をかなえるために努力すること、それが人生です。さて、自分の夢とは何なのだろう、と考えるとハタと困ってしまうのですが、世界から戦争をなくし、平和な社会を築くために自分のできることをしたいと思っています。そのためには今を大切に生き、健康であることが大切だと思っています。そして大いに笑い、踊り、歌い、楽しく生きて良い波動を宇宙に発信したいと思っています。「引き寄せの法則」は波動を上げることにつきると思います。するとと、予想もしなかったような、とんでもなく良い出会いがあったり、良きことが引き寄せられてくることを日々体験しています。

16

ワクワクすることをする

ワクワクすることをしなさいと言ったのはバシャールという異星人でした。アメリカ人のチャネラー、ダリル・アンカのチャネリングに出てきた異星人です。心がワクワクすることをしていれば、あなたの人生はきっと素晴らしい方向に導かれて行くでしょう。あなたにとってワクワクすることは何でしょうか？　僕にとってはミュージカル映画をみること、自由ダンスを踊ること、歌を歌うこと、いろいろ見知らぬ国を訪ねること、人の伝記を読むこと、畑に種を蒔いて野菜を育てること、などです。

若い頃からアメリカに留学したくて、大好きな英語の勉強をしました。とうとう、アメリカの大学には二つも行くことができました。ハワイ大学とシカゴ大学です。経済学を勉強したのですが、今となっては経済学は自分にとってあまりワクワクしない学科だったと思っています。もっとスピリチュアルなことや魔法の勉強をしたかったですね。自分が経済官庁の公務員をしていたから経済や法律の勉強をしたのですが、今の人生には直接には役にたっていません。

しかし、遠まわりではあったのですが、その道でいろいろな人との出会いがあり、今に至っているので、あまり自分の人生を悔やむことはありません。日本の大学にいたときに、もっと英語の勉強をしておいた方が良かったような気もしていますが、人生はそのときそのときの決断で自分が一番良かれと思った選択をしてきたのだと思います。40代になるまでスピリチュアルなことにはまったく関心がありませんでした。今大切なことは、これからどうするか、ということです。楽しくワクワクすることをなるべく沢山したいと思っています。選択するときの大事な鍵、「ワクワク」を忘れないようにしたいと思います。楽しくしていれば、「ワクワクすること」がどんどん引き寄せられてくるでしょう。それが「引き寄せ」のコツなのです。

17 自分の使命を知ること

「使命なんかありませんよ、それこそがあなたの思い込みに過ぎません」と、最近言っている精神世界のリーダーと見なされている人達もいますが、僕は自分の使命が見つかったとき、とても人生が面白くワクワク感じられるようになったことを憶えています。アメリカではじめてスピリチュアルなセミナーを受けたとき、アレキサンダー・エベレットという指導者は自分の使命はこの地球上に「愛と平和をもたらすことだ」と言いました。僕はそれを聞いたときに、「自分の使命も同じだ」と自分の魂が共鳴したような気がしました。それがとてもしっくりと感じられたからです。そして喜びが身体の中を駆け巡りました。世間に対して「自分の使命はこの地球上に愛と平和を広げること」と言ったら、「どうしたの？　洗脳されたの？」と笑われるかもしれません。でも僕のハーますトは確かにワクワクしていました。何も大げさな、革命家にならなくても、大政治家にならなくても、ノーベル平和賞をもらえなくても、自分は自分にできる方法で愛と平和を広げていくことができたらいいな、それが自分の使命にちがいない、僕は自分の生まれてきた理由がわかった、とワクワクしました。そして、それは今でも続いています。

実は誰の使命も同じなんだと僕は思っています。それはこの地球を愛と平和の場所にすること、より住みやすい場所にすることです。ただ多くの人々は自信がなくて、そう思えない人も多いのではないでしょうか? しかし、「なーんだ自分も同じだ」と思えるときが来ると思います。僕たちの周りには「同じ使命」を持って生まれてきた仲間が大勢います。そんな人が沢山増えたら、どんどん、世界が愛と平和になっていくのではないかと思います。使命というと大げさに聞こえるかもしれませんが、自分を知って、幸せになること、自分のすべきことをすること、それが世界を平和にすることです。愛と平和をみんなで引き寄せられたらいい、しかし、実は愛も平和もすでにここにある、と感じています。

18

歌って、踊って、笑って生きる

2015年の秋、清水浦安さんの主催で「在日宇宙人、在日天使の会」という驚くべき名称の集会がありました。こんな会に来る人がいるのだろうかと思っていたところ、なんと500枚の切符はあっという間に売り切れ、それでももっと参加したい人がいて、断るのに大変だったそうです。そして、それは、とても素晴らしい会だったのです。日本には自分が宇宙人あるいは天使として地球にやってきたと思っている人が多いのです。僕はもちろん、その中の一人でした。清水さんから、当日、宣言文を創って読み上げてくださいと頼まれてしまいました。困ったら精霊に書いてもらえばいい、と引き受けたのですが、亜希子の自動書記に出てきた文章は次のようなものでした。

「愛と平和と思いやりの世界を実現するために、日々、楽しく陽気に歌い踊り、大いに笑って、高次の波動を人々に広めていく所存でございます。楽しいことを分かち合い、愛を世界中の人々に送り、笑いと喜びを宇宙へと送り届けることに、日々、邁進いたしますことをここに宣言いたします」

愛と平和と思いやりの世界を実現するために、日々楽しく陽気に歌い踊り、大いに笑って高次の波動を人々に広めればよい、ということがわかりました。もっと大層な役割があると言われるのかと思っていたのでびっくりです。これなら楽しみながらできそうです。これって、なんと、「引き寄せの法則」のコツと同じではありませんか。日々楽しく陽気に歌い踊り、大いに笑えば、「引き寄せ」が実現するのです。愛と平和と思いやりが引き寄せられて実現するのです。目から鱗でした。楽しい世界をイメージすればいいのです。僕たちは楽しみながら、日々、仕事をがんばってみます、自分なりに！　と宣言します。

19 健康に良いことをする

今の時代は衛生状態も整い、医療も発展し、薬もあり、栄養もよくなり、日本も世界的にみてもとても長寿の国になりました。

ところが寿命ばかり長くなっても、健康で、楽しい日々が過ごせなければ残念なことです。50歳を過ぎたころから、自分の健康に日々、心がけている人と、健康について何も気にしていない人との差が出てくるような気がします。もちろん、身体のことに気をつけなくても大丈夫という人もいるかもしれませんが、やはり、健康管理は自分で気をつけた方がいいのです。医者が健康を守ってくれるわけではありません。自分でできる限り健康に気をつけることがますます大切なことになってきているのです。

僕は40代を喘息という病で、本当に台無しにしました。もちろん、僕の人生において病気の40代はどうしても必要だったのだと今はわかっています。その後は健康を回復するために、身体に良いことをいろいろ学ぶことにしました。今では毎朝、ラジオ体操の会に出てから、40分のウォーキングを欠かせません。体操の会の仲間達と毎日同じルートを歩いています。スピリチュアルな仲間の中では、瞑想、ヨガ、呼吸法、ダンスなどが盛んです。断食もあります。少食という方法もあるかもしれませんし、家庭菜園を作って無農薬の野菜を食べるように心がけるのもいいでしょう。自分の健康は自分で守る、それこそが健康に関する「引き寄せの法則」だと思います。楽しみながら健康になる、それにはダンスもいいでしょう。笑いヨガなどもあります。健康は自分で守る、それが、これからの生き方の基本だろうと感じています。今、どんな状況にいるとしても、少しずつでも身体に良いことを始めましょう。

20 仲間を作って楽しむ

言うまでもありませんが、「引き寄せの法則」は同じ波動をもつ人達は引き寄せあって集まる、という意味もあります。スピリチュアルなセミナーを一緒に受講した人達でグループや、サークルを作って、互いに助け合ったり、情報交換をしたり、学びを深め合ったりすることが今、とても大切になってきています。僕の場合はラジオ体操の会、ウォーキングの仲間もでき、ヨガの集いにも参加することで生活が豊かになっています。都会の町は人間関係が希薄になりがちですが、セミナーや、サークル、同じ意識を持つ人達との交流が始めやすいという利点もあります。ダンスの会の集まり、ヨガの会の集まり、呼吸法を学ぶサークルも自分がその気になってさがせば、必ず見つかるでしょう。自分にぴったりのスピリチュアルな仲間が見つかったら、それは素晴らしいことです。僕はときどき、四谷のエイトスターダイヤモンドの木曜会に呼ばれてお話しする機会がありますが、こうした会に何回か出ているうちに、仲間ができていくのではないでしょうか？　スピリチュアルな勉強会は互いに波動を交換していますから、その成長も独学しているよりは早まるでしょう。良い仲間は人生を豊かにしてくれます。今の時代はいろいろな人がいろいろな会を始めて、集団で成長して行く時代です。ぜひ仲間を集めて勉強会を始めてください。インターネットのブログ、facebookが今の時代になって急激に発展しているのは、人類の歴史上、大きな意味があると感じています。

21
人との関係をよくする

スピリチュアルな成長をしていく上で、学ばなければならないことがいくつかあります。

他人をコントロールしないこと。人はみんなそのままでいい、と気づく事です。なぜならば、人はみんなその時点で一番必要な事を学んでいる最中なのです。他人をコントロールしようとするのはあなたのエゴである場合が多いのです。自分の子供であっても14歳になったら、自立させてあげてください。子供は親の所有物ではありません。

他人に助言をすることはできるだけ避けましょう。その人が助言を求めてきたときに助言してあげるのです。何も頼まれないのに、他人にあれこれ助言するのはやめること。他人をあれこれ判断、批判しないことです。

また、他人の悪口を言わないこと。他人の自由を認めてあげてください。他人を批判したり、悪口を言っていると自分の波動が下がります。「引き寄せの法則」で大切なことは波動を上げることですから、あなたの波動をできるだけ高く保ってください。そしてあなたが幸せでいること、あなたが幸せになることが世界に平和をもたらすことだと知ってください。もう一つ大切なことはあなたは被害者になってはいけないということです。もし自分が被害者になっていることに気がついたら、被害者の立場から抜け出してください。そして自分が心から正しいと思う行動をしてください。あなたにはあなたの自由があることを忘れないようにしましょう。

22

「鏡の法則」と「引き寄せの法則」

あなたの見ている世界はあなたが創造した世界、あなたの魂が「引き寄せた」世界です。あなたの中にあるものが、外側の世界を作っているのです。それはまるで鏡のようです。あなたの中にあるものが外に起こって映っているのです。外の世界はまるで立体鏡です。外の世界は自分の内面が作り出しているのです。そのことに気がつくことが大切です。人を見て、自分に気づくことが大切です。他人は自分の鏡です。

起こってくることはどれもこれも、今の自分が最も必要としていることです。それは自分が生まれる前に神様と相談して、人生のシナリオを書いて生まれてきた、そのシナリオどおりのことが起こっているといると考えてもいいかもしれません。

ということはどんな逆境も時が来れば、反転して自分を鍛える糧にできると いうことです。自分の今の人生は自分にとって満足のいく人生ではないかもし れませんが、今の自分にとって、まさにふさわしい、最適な人生なのです。

あなたの中には素晴らしいパワーがあります。そのパワーに気づいたとき、人生が変わります。あなたは自由に生きていいのです。あなたを引き留めているのは何なのでしょうか？　それはあなたの中に刷り込まれている思い込みではないでしょうか。自分自身を知ることは、自分の中に自分で作り上げてしまった制限に気づくことです。自分の中の制限に気づいたとき、それはいつ誰から、どんな状況によって作り出されたものなのか子供時代を振り返ってみましょう。自分でそのようなシナリオを書いてきたはずだからです。5歳になるまでに自分がどのように育ったかをつぶさに点検してみることが必要です。それは見たくないかもしれませんが、ぜひ見るようにしてください。そして被害者にならない事です。それは今までの自分を守るために起こったことだからです。

さあ、これからは自分の中の制限、抵抗の一つひとつに気がついて、制限と抵抗を外して、自由になって、飛び立ちましょう。そして本当になりたい自分、なるべき自分になりましょう。そして、歌い、踊り、人生を楽しみましょう。あなたはそのままで完璧な神そのものであることに気がつきましょう。自分を完全に受け入れ、認め、許し、愛しましょう。それこそが「引き寄せの法則」の真髄です。

23

マインド思考からハート思考へ

私たちはこれまでマインドが中心の人生を生きてきました。マインドとは頭脳のことです。つまり頭が中心、思考が中心です。頭脳は素晴らしい働きをしていることも確かですが、あまりにも力が強く、あたかも自分が主人のようにあなたを乗っ取ってしまっているのです。これをエゴと呼んでいます。本当のあなたは意識あるいは魂というエネルギーで、この本当の自分こそ、宇宙と繋がっているのです。魂は心にあります。身体で言えば、胸の中、心臓の部分にあります。自分のことを指さすとき、日本人は自分の顔をさします。西洋人は胸を指さすそうです。これからの時代は「ハートで考える」ということを実行してください。何かを決めるとき、ハートがときめくかどうか、ハートはどう感じているかをみます。ハートには魂が宿っていて、そこには優しさ、愛、思いやりが詰まっています。ハートで生きている人は愛で生きています。マインドで生きている人は理性的ではありますが、損得勘定に敏感で、恐怖から物事を決めます。他人を信用しません。頭で生きている人は何もかもを経済優先で決定し、恐怖で生きていますから、戦争の準備ばかりします。そして、自分の国以外の人をいつも差別しようとし、常に自分を他人より高い位置に置こうとします。しかし、今はそんな時代ではありません。女神の時代がやってきているのです。「ハート」で生きる人は素晴らしい仲間を引き寄せます。「ハート」のパワーを知ってください。「ザ・パワー・オブ・ザ・ハート」、ハートの力を大切にしましょう。

24

幸福と不幸を分けるものは？

幸福と不幸を分けているものは、自分の思考です。自分のことを幸せに感じている人はますます幸せになります。

自分を不幸と思っている人はますます不幸になって行きます。外的な状況がどんなに恵まれていようと、自分が不幸だと思っている人は人生を楽しめません。

外的な状況がどんなに劣悪であっても、幸せでいることはできるのです。

この宇宙はすべて意識から作り出されているのです。

少し難しくなりますが、自分の外にあるものすべては実は意識が作り出した夢である、イリュージョンに過ぎないと般若心経では言っています。

あなたがすべては愛でできている、自分も愛そのものであることを悟ったとき、もう、あなたは不幸でいることはないでしょう。
喜びと感謝が身体の中で、ときめくでしょう。

25

本当の幸せとはいったい何？

人によって幸せの条件は違うでしょう。経済的に恵まれていて好きなものがいつでも買えること、自分のやりたい仕事についていてやりがいを感じていること、家族が仲良く健康で健やかなこと、愛し、愛されていること。でも幸せは自分の外側にあるものではありません。

本当の幸せは自分の中に見つけるものです。自分の中に、平和、愛、感謝、自由、喜び、満足感を見つけた状態が本当の幸せと呼べるものです。それは自分の中にあります。本当の自分が神と繋がったときにあなたは本当の幸せを見つけるでしょう。

本当の幸せを「引き寄せること」は、つまり、「自分が何ものなのか」、本当の自分を見つけることなのです。あなたの本質、つまり神を見つけたとき、自分がそのままで完璧だとわかったとき、あなたは本当の幸せを見つけたと言えるでしょう。

26

どうすれば本当に幸せになれるの?

そのためには自分を知ってください。自分の外を探すのではなく、自分の中を探求します。それがスピリチュアルな探求です。やがてあなたの本質は光であり、愛であり、神であることがわかります。

あなたはそのままで完璧であり、すべてと一つだとわかるでしょう。また、あなたは永遠の存在であることもわかってきます。つまり、天と完全に一つとなり、あなたはただいるだけで、至福感にみたされるでしょう。

27
幸せを引き寄せるちょっとしたコツ

はい、すべてをそのまま受容することです。そしてすべてに感謝しましょう。すべてはうまくいっていることに気づきましょう。悪いことなど一つも起こっていない事に気づきましょう。すべては神の愛の中で起こっていることに気づく事です。すべては夢であり、あなたはこの地上に天から派遣されてきた天使だと気づく事です。良いことがどんどん起こっています。あなたはただ、笑顔で「感謝します。ありがとう」とすべてを楽しみ、笑い、踊っていれば良いのです。ちょっとしたコツがつかめましたか？　あなたはそのままで素晴らしい存在なのです。

その真実を心から受け入れてください。

28

お金を引き寄せる方法

お金持ちになる方法に関しては本当にいろいろな本が出ています。僕たちが翻訳した本の中にも、『マスターの教え』『世界最強の商人』『ホワンの物語』などがありますから、どうぞ参考にしてください。

僕はこう思っています。好きなことがあったらどんどんやってみましょう。お金は後からついてくる、と思っています。自分が本当にやるべきことをすれば、必要なお金は入ってきます。また、今していることは、今あなたのするべきことだから、今している仕事をしっかりとこなすことがまず必要です。すると良い運が回って来ます。たとえば、上司に認められたり、いいポストに引っ張られたりします。また、「引き寄せの法則」をよく学んで、まずは自分の心を磨くことです。外に求めるのではなく、自分の中を磨きます。

自分を好きになれば、すべてはうまく回転して行くことを知ってください。自分を丸ごと肯定して、自分に優しくなってください。遠まわりのように思えますが、自分を好きになる、それこそが一番の近道なのです。

29

成功を引き寄せる方法

あなたにとっての成功とは何でしょうか？　自分の心が喜びに満たされることが成功ではないでしょうか？　そうすると、成功とは必ずしもお金持ちになることや、有名になること、社会的地位を得ることばかりとは言えません。もしあなたに夢があったら、夢を諦めず、夢に向かって進んでください。ロンダ・バーンの『ヒーロー』には12人の成功者の物語が載っています。彼らは巨万の富を得、そしてとても有名です。彼らの人生はそうなるように生まれたときからシナリオが書かれていたのだろう、と僕は解釈します。あなたにはあなたの成功の物語があります。僕は成功とは「幸せに生きる」こと、そして「世のため、人のため、世界のためになる人生」だと思っています。実はあなたが幸せになれば、それだけで、世界の平和に貢献しているのです。成功を外に求めないで、自分の中に愛を見つけてください。

気がついたときに、あなたは誰の目から見ても成功者になっているのではないでしょうか。大切なことはあなたが幸せになることです。

30

「ありがとう」は幸せを引き寄せる魔法の力

本当に、すべてに感謝できるようになれば、あなたは幸せを引き寄せます。そして、あなたが幸せであれば、欲しいものは何でも引き寄せることができるのです。ということは「感謝」がすべての基本だということになります。あなたの人生に毎日起こってくることは、あなたの魂があなたに必要なことを引き寄せているのです。すべてはあなたの成長のために起こっています。すると、あなたに起こることで悪いことなどありません。悪いこととはあなたが、悪いと判断しているだけです。あなたの人生に何が起こったとしても、まずは大きく深呼吸して「ありがとう」と言ってみましょう。すべてを受容するのです。受容とは受け入れることです。すると、どんなひどいことでも、あなたが抵抗したり、落胆したりしなければ、一番よい解決法が見つかるでしょう。「ありがとう」は受容の言葉、感謝の言葉、そしてすべてを光に変えてしまう魔法の言葉なのです。１日に最低10回は「ありがとう」と言ってみましょう。

31

人生を十分に楽しむ

人生は、修行するためにこの地球にやってきたという考え方もありますが、十分に楽しむためにやってきた、と思って良いでしょう。今生、日本に生まれてきたことはとてもラッキーなことだと認識してくださいと、チベットから来日したリンポチェさんが言っていました。自分達がいかに恵まれているかを忘れやすいのが人間だと思います。僕たちは今日本に生まれているという幸運な星の下に生まれてきたのですから、人生を十分に楽しむのが良いのです。楽しむことに罪悪感をもってはならないと思います。

いつも自分で学んでみたいこと、やってみたいことは、チャンスを作ってぜひ、やってみることにしましょう。人をうらやましがらないで、自分もやっても良いのだと自分に許しましょう。人生を楽しむと波動が上がります。波動が上がるとますます良いことが「引き寄せ」られてきます。それが「引き寄せの法則」の使い方なのです。幸せな人には「引き寄せの法則」が働きやすいのです。まずはノートを取り出して、自分がやりたいこと、自分がなりたい状態、自分が行きたい場所のことを全部書き出してみましょう。何年かたって、読み返してみるとすべてが実現していることを発見してびっくりするでしょう。「引き寄せ」は自然に働いているのです。人生を日々十分に感謝して楽しむ、そして自分の夢に向かって進みましょう。

第3章

自分を愛する極意

1

自分を好きになればすべてが手に入る

自分が欲しいものを引き寄せるために一番大切なこと、または一番確実な方法は、実は自分自身を100パーセント大好きになり、自分は神様から愛されている価値のある人間だ、ということを知ることです。なぜかと言えば、神様は私たちに常に限りない愛を注いでいて、私たちが幸せになるために必要なものやことを、すべて用意しているからです。

不思議なことに、ほとんどの私たちは神様が「あなたはこれが必要ですね？　これが欲しいでしょう？　これを持てばもっと自分の力を発揮できるでしょう？　これがあれば、もっと幸せに、明るく、世のため人のために働けるでしょう？」と言って、あなたのためにいろいろなものを順次、あなたに差し出しているのに、あなたは多くの場合、それを受け取ろうとしません。世の中に多くの不幸な人がいたり、不満でもやもやしている人が多いのは、みんな、神様が下さる贈り物に気づかなかったり、それに気がついても「私はそのように素晴らしいものを受け取る資格がありません」「そんなものをお願いした記憶はありません」「それは私には難しすぎて、とても手に負えません」「私にはそんな実力はありません」「私が欲しいのは赤い車でなくて白い車です」などなど、いろんなことを言って受け取らないからです。

そして多くの場合、こんなことが起こるのは、「自分は十分ではない」「自分はそれほど価値のある人間ではない」と無意識で思い込んでいるからです。だから、神様がどんなにプレゼントをちらつかせても、時にはあなたの目の前にぶら下げても、受け取ろうとしないのです。

あなたは自分が好きですか？　自分はとても価値のある素晴らしい存在だと、思っていますか？　今、ちょっと胸に手を当てて自分に聞いてみてください。

2

自分を100%好きになる

私は40歳近くになるまで、自分が自分を好きかどうかなど、考えたこともありませんでした。自分が自分をどう思っているか、自分が自分をどう評価しているか、そんなことがあるのかどうかさえ、私は当時、知りませんでした。人から自分はどう思われるだろうか？　どう思われているだろうか？　人から好かれているだろうか？　嫌われているだろうか？　などなど、人が私をどう見ているか、評価しているかが大事だと思い込んでいたのです。だから、私はそれまでずっと、人から高く評価されるために頑張って生きていました。家では母のお手伝いをし、問題を起こさないように気をつけました。学校では良い成績を取り、学校の規則をやぶるようなことはせず、自分を律していつも真面目に静かに、声を出すべきときだけ出す、というように過ごしていました。先生から高い評価を得ることがとても大事だったのです。そして、仕事を始めると優良社員になるために、日々夢中で働きました。上司によく思われるためには、月に残業を100時間以上するのは当然でした。どんな無理な仕事でも引き受けようとしました。少しでも上司から叱られると、ひどく落ち込みました。夫に対しても、良き妻であるように必死で努力しました。もっとも、これはうまくいかなかったので、すぐにあきらめてそれからは悪妻の道をまっしぐらでしたが。

そんな私を見るに見かねて、あるとき、友人が教えてくれたのです。「自分を愛していて、自分を100パーセント好きであれば、人生に何一つ問題は起こらないのだよ」。

自分を愛する？　自分を100パーセント好きなる？　それってどういうことなの？　自分を自分がどう思っているかなんて、そんな話聞いたことがないわ。

でも、その夜、私は自分が自分をどう思っているか、そんなことができるかどうかもわかりませんでしたが、ともかくやってみることにしました。すると、すぐにできました。私は自分の容姿が嫌いでした。自分の性格が嫌いでした。自分のやることとなすこと、全部嫌いでした。自分の好きなところと素晴らしいところを見つけようとしても、一つも見つかりませんでした。なんと、自分のことを200パーセント、嫌っていたのです。

さすがにこれでは困るなあ、私は自分の人生がなんとなくうまくいっていない、とずっと感じていたけれど、もしかして自分が自分を嫌っているからかもしれない、と思ったのでした。そして、そのとき、自分をもっと好きになろうと決心したのでした。

3 私はなぜ自分が嫌いだったのか

そのころ、私はアメリカにいて、ライフスプリングという人間性回復のためのセミナーを受講していました。そのセミナーのアドバンスコースに参加したとき、私はなぜ自分が自分を大嫌いなのか、発見したのです。それはまさに発見でした。自分の中に見事に浮かび上がってきたのです。そしてそれは、「私は自分は生きていてはいけない、価値のない人間だと思っている」という思いでした。その言葉が心に浮かび、それを言葉にしたとたん、私の中で何かが大きく崩れ去りました。そして堰を切ったように、不思議な安ど感と悲しみと喜びが入り混じった思いが湧き上がってきました。そして1時間以上もずっと泣いていました。涙がどんどん、私の中のつらい思いを流し去ってくれました。そしてそれは私が生まれ変わるためのドアを開けた瞬間でした。

その瞬間、自分がなぜ、こんなに自分を嫌っているか、自分には価値がないと思っているかもわかりました。戦争中に生まれた女の子、それも一家で3人目の女の子だったのです。母は今度こそ男の子が欲しい、と祈るような気持ちでいたのに、また生まれてきたのが私、女の子だったので、いつも私に言っていました。「あなたが生まれてきたとき、女の子だったのでこんな子はいらないって、みんなが言っていたのよ」。母は自分以外の人はあなたをいらない子と言っても、私は自分の子供だから愛しているよ、と言ってはくれたのですが、今思えば、みんなが、という中には当然、母も入っていたのだと思います。というか女の子が生まれてきて一番つらかったのは母に違いありません。だからこそ、母は私に何回も何回も「こんな子はいらないとみんなが言った」と言い続けたのかもしれません。

4

ボトムライン―生き生きとした人生を阻むもの

この言葉を真に受けて、私は「自分は生まれてはいけない子なのに、生まれてしまった。私は生きる価値のない子供だ」と思い込んだのです。そしてそのまま、40歳まで苦闘の人生を送った、というわけです。もっとも人から見ると大した苦闘とは見えないと思いますが。

私の場合、苦闘の人生は、良い成績をとる、良い学校に入る、良い仕事に就く、上司のお気に入りになるという、良い子なる方向に向かいました。そして、その都度、一定の成功は収めました。周りの人に「あの人はできる」と認められて一目置かれました。人が認めてくれたので、私もやっと自分を認めることができました。いつもびくびくして不安でしたが、人に高く評価されている間はそれでも機嫌よく元気でいることができました。でもそれも長くは続きませ

ありませんでした。人の目ばかり気にして頑張っているのですから、そこに本当の喜びはあまりありません。必死で仕事をする楽しさはありましたが、人には良い仕事ができるときもあれば、それほどでないときもあります。特に、良い評価を受けるために残業を100時間もしていれば、疲労から仕事のミスも出て来るでしょう。すると、会社でも評価が下がる。悪口も言われる。人が自分を高く評価してくれなくなった途端、私は「ああ、やはり自分はダメなんだ。私は価値のない人間だ。人に嫌われる存在だ」と地獄の底に落ち込んでしまうのでした。それだけでなく、少しでも人から悪口を言われたり、または自分よりも優れた人や人気のある人が現れたりすると、劣等感がさく裂しました。いつも不安で、おどおどして、自信がありませんでした。

5
自分を好きになる、と決心することが必要

やっとそのように自分が生きてきたことに気が付いて、私はそこから生まれ変わることにしました。自分を好きになり、自分を100パーセント愛し、どんな自分もそのまま受け入れよう、どんなにダメな自分も許してあげよう、と決心したのでした。

30年前の世界では、「自分自身を愛する」ことの大切さは、今よりももっと、一般に知られてはいませんでした。当時、私が住んでいたアメリカでさえ、そうだったのです。だから、自分を好きになるためにどうすればよいのか、教えてくれる人はいませんでした。

そこでまず、私は自分が自分を愛していないという事実を知り、それを受け入れることにしました。そして、自分を好きになる、愛してあげる、と決心し

ました。それだけで、２００パーセント、自分が嫌いだったのに、20パーセントくらい、こんな自分でも許し、受け入れることができるようになったのです。これだけでもすごいことです。そして日々、私の人生は大きく変わっていきました。親しい友人ができるようになりました。初めて会った人とも気楽にお話ができるようになりました。パーティーに行くと、それまでは人とうまく話ができず、壁の花状態だったのですが、気が付くと自分から知らない人に声をかけていました。何よりも、恐れの気持ちと不安感が減り、気分が安定し、安らかな気持ちでいる時間が長くなっていました。そして何よりも、人生を楽しみ始めていました！

6 さらに自分を好きになるには

でも、まだ20パーセントでは不十分です。それを100パーセントに持っていくにはどうすればよいのでしょうか。

基本的には、「私なんかどうせ……」「私なんて……」という思いがわいて来たら、その都度、それに気づくことが大切です。私なんて、と思うとき、自分をとても低く見ています。自分はどうせだめだから、自分なんてたいしたことはない、自分なんて愛される資格はない、などなど。そのような気持ちが出てきたら、そのときにそれに気づいたら、その自分を許すのです。それだけで、少しずつ、そう思う回数が減っていきます。そして、気が付くと、もっと自分を受け入れ、自分を愛し始めていることに気づくでしょう。それを私はずっと続けてきました。でも、私の場合、それだけでは十分ではありませんでした。

それは私が深いトラウマや心の傷を持っていたからでした。そのために私は、自分はダメ、自分は価値がない、と思い込んでいたのです。

その傷を癒すには、やはり自分が傷を持っていることに気づくことが必要でした。私の場合、トラウマや心の傷に気づくのは、自分の力だけでは困難でした。セミナーに参加し、個人セッションを受けたりして、私は少しずつ、自分が持っているトラウマに気づき、その傷を癒すことができました。たぶん、私のような人が大勢いるからこそ、これまで様々なヒーリングやセッションが開発され、多くの人の役に立っているのでしょう。

今、私はやっと自分を100パーセント好きになっています。自分を受け入れ、自分を許し、自分を愛しています。今はとても良い気分です。天と地の中間に自分がすっと立っている、そんな感じです。すべてがOKです。すべてが光り輝いています。そして人間関係も、自分に起こることも、良きことばかりになりました。たとえ、パソコンが壊れたり、歯が痛くなったりしても、それもまた、良きことの一つであることも知っています。自分には良きことしか起こらないのです。そう、究極の引き寄せ状態かもしれません。

7
究極の引き寄せ状態

自分自身を心から愛し、心から許し、心から受け入れると、人生はとても楽です。自分の周りには自分と同じように自分が大好きな人ばかりが集まってきます。みんなとても親切で優しくて、愛にあふれている人たちです。人生の豊かさとは何かを知っている人たちです。その人たちはみな、もう何かを手に入れるために「引き寄せの法則」など、使う必要はありません。神様が用意してくださっている私たちへのプレゼントを、ただただ感謝して受け取っていれば、もう人生は天国そのものなのです。もしかして、これが本当の「引き寄せの法則」かもしれません。もっともこれは、神様が、宇宙が用意してくださっているプレゼントを受け取る法則、と言った方がよいように思います。だからやはり、本当に自分自身を好きになれば、欲しいものを手に入れるための「引き寄せの法則」は不要です。ただ、過去をなげかず、未来を思い煩わず、今この瞬間を全身全霊で生きていれば、すべてはそこにあるからです。何かを欲しいと思うのは、未来のことを思い煩っていることです。今ここの一瞬にあるもの、あることを感謝して受け取ること、それこそがこの世を生きるための唯一の法則なのかもしれません。

8

あなたはいったい誰なのか

あなたは誰ですか？
あなたは何者ですか？
あなたはどこから来たのですか？
あなたはなぜここに、地球に生きているのですか？

こうした質問は、一番大切で、一番基本的で、一番思索的で、哲学的な質問のように思えます。そして、ほとんどの人は、こんな事、考えもせずに、ずっと生きています。

私もそうでした。40歳になるまで、自分が誰かなんて、思ったこともありませんでした。自分が何者かなんて、思ったこともなかった。自分がなぜ生まれてきたのか、深く考えたこともなかった。ただ、「両親が生んでくれたのよね」と思っていました。そして、それは絶対的に正しいです!!

一方では、「子供のときから、自分は何者なのだろうか？　どこから来たのだろうか？」といつも考えていた、という人も知っています。それも何人も。このような人たちは子供のときから魂で生きていたのかもしれません。そして今はさらに進んで、「僕はお空にいたときのことを覚えているんだ」「空からお母さんを見つけて、お母さんになってもらったよ」などと、魂そのものだった自分を覚えている子どもたちがいっぱいいます。そして自分は何者か、探究をし始める人は、確実にどんどん増えているのが、今という時代です。

では、私たちは一体何者なのでしょうか？　人間って何なのでしょうか？　あなたはどこから来て、どこへ行くのでしょうか？　あなたはどう思いますか？

そう、あなたも私も魂です。自分の身体でも、頭でもありません。私たちはエネルギー、宇宙を作っているエネルギー、神のエネルギーの一部です。そして、そのエネルギーがこの地球上にやってきて、今あなたが持っている身体を乗り物にして、人間として生きる体験をしているのです。

9

自分が何者であるかは、自分で発見するもの

30年くらい前までは、ハムレットみたいな人か、よほど哲学的な人以外は、「自分は何者だろうか？」などと思い悩む人はいなかったのではないかと思います。

その一人だった私は、40歳になって、気づきのセミナーという不思議なセミナーに参加しました。そこでやっていたことは、それまでの自分の思い込みや信念に気づくこと、でした。私たちはいろいろな思い込みや信念を抱え込んで、それにがんじがらめにされてずっと生きていました。でもそれって本来の自分を殺して両親の思い通りの人間になったり、社会や学校で教え込まれた枠に自分を無理矢理押し込んだりして生きることです。すると、私たちは自分の能力を十分に生かせなくなります。自分の好きなこと、得意なことをできなくなり

ます。好きでもない仕事や、不得意なことを情熱もなくやっているのですから、幸せにもなれません。それっておかしくありませんか？　というわけです。

では、そこから抜け出すにはどうすればよいかと言えば、自分の思い込みや信念、子供の頃に心にため込んだ怒りや悲しみや恐れなどの感情に気づけばよいのです。成人してしまうと、思い込みや信念や恐れなどの抑圧された感情は、自分の一部となっていて、それに気づくのは難しくなっています。それをいろいろな方法を使って自分で気づかせていく、というのがその気づきのセミナーでした。

私はそのセミナーで半年ほど勉強しているうちに、自分自身について、どんどん学びを深めていきました。すると、私はどんどん生き返っていきました。自分の魂に近くなっていきました。自分がそれまで自分だと思っていたものとは、全く違うことにも気づき始めました。

もっと自由で明るくて、可能性のある自分に出会い始めたのです。でも、そのときはまだ「自分は何者か？」ということはわかりませんでした。

しばらくして、私はあるセミナーに参加しました。そこで自分は何者か、という問いに、初めての答えを見つけました。「私は私」「私は私自身」だったのです。私は山川亜希子でもなければ、女性でも日本人でも主婦でもありませんでした。そんなことは私のうわべのごく一部でしかなかったのです。私は私、何も規定できない存在でした。私は私、そう、よく英語で言うI am what I am.というのに近い感じだったのかもしれません。そのとき、私は深い感動で包まれていました。初めて自分の本質に達した一瞬だったのです。

10
あなたは何者なのか？

あなたは神です。
あなたはすべてです。
あなたは魂です。
あなたはあなた自身です。
あなたはあなたであるところのものです。

私たちは宇宙であり、神であり、魂です。
限界のない無限の存在です。
身体や頭脳があなたなのではありません。
身体は本当のあなた、神、魂、宇宙、エネルギー、何と呼んでも良いのですが、あなたの魂の乗り物です。身体はとても大切ですが、あなたそのものではありません。あなたを包んでいる服のようなもの、と言ってもいいでしょう。

頭脳もまたあなた自身ではありません。頭脳はいろいろ考え、いろいろ記憶する器官です。あなたが生活するためにとても役に立ちますが、あなたの本質ではないのです。むしろ、頭脳は時として、あなたが自由に生きるのを邪魔する存在です。思い込みや信念は頭脳にため込まれて、私たちを不自由にしてしまうからです。

そう、あなたも私も魂です。自分の身体でも、頭でもありません。私たちはエネルギー、宇宙を作っているエネルギー、神のエネルギーの一部です。そして、そのエネルギーがこの地球上にやってきて、今あなたが持っている身体を乗り物にして、人間として生きる体験をしているのです。

11

私たちはもっと深く、もっと広大な世界へと導かれている

こうしたことは、本を読めばいくらでも書いてあります。そして、こうしたことを話してくれる人、伝えてくれる人もいっぱいいます。それを読んだあなたは「なるほど」と思い、そうなんだ、と納得するかもしれません。

でも本当は、自分が何者であるか、それはあなた自身が自分で発見することです。直感や洞察として、はっと悟ることもあるでしょう。太陽と一つになった、宇宙と一つになった、自分が何者かを見てしまったなどと、体験することによって、自分が何者か、わかることもあるでしょう。それは一人ひとり感覚として知ることではないかと思います。自分は何者か、それは人それぞれの感覚、フィーリング、これだ、という感覚、それがその人にとっての今現在の答えなのだと思います。それはまた、私たちの意識が広がり、波動が上昇するに

つれてまた次のインサイト（洞察）がやってくるかもしれません。その意味では、私たちは常にもっと深く、もっと広大な世界へと導かれている存在なのでしょう。

そして、実はその時期もすでに決まっている、と思います。いつその直感が来るか、洞察が来るか、楽しみにしていればよいのです。日々の生活を大切にし、自分に起こってくることを感謝して受け止めているうちに、いつかその日がやってくるのです。

12 愛せない自分を愛するには

『怠け者の悟り方』というかわいい本があります。タデウス・ゴラスというギリシャ系のアメリカ人が50年前に描いた本ですが、今でも世界中で愛読されています。この本は、「悟りへの道で最も安全な道は、自分自身を愛する道です」と言っています。自分自身を好きになれば、100パーセント、愛してあげれば、それで私たちは幸せになれるよ、と言うのです。そしてこれは本当だと思います。その中に、「自分を愛せなくても、愛せない自分を許しなさい」という言葉がありました。そうなのです。自分を愛せない自分に気づいたときは、自分を責めないでください。愛せない自分をそのまま許し、その自分を愛すると決めればよいのです。そこから始めてください。

「私は自分を愛せない自分を愛します」と書いた紙を壁に貼っておきなさい、

とアドバイスしています。とても良い方法かもしれません。もう一つは、鏡のワークです。毎朝、鏡を見てお化粧をしたり、ひげをそったりしますね。そのときにちょっとしたワークをするのです。鏡の中の自分をじっと見つめて、「私は私を愛します」と口に出して言ってみましょう。最初はとても恥ずかしかったり、奇妙な感覚があるかもしれません。でもこれを数日繰り返していると、何かが違ってきます。自分の内に力が生まれ、自信があふれてくるのを感じます。これはアファーメーションと言って、なりたい自分について自分に向かって言葉をかける方法です。本気でやってみてください。きっと効果があります。

13

ありてあるもの、すべてが神

この世にあるすべてのものは、ただ一つのものからできています。それはすでに科学でも言われていて、とても想像のつかないほど小さな素粒子と呼ばれる粒子からこの世界はできている、と言われています。そして、素粒子は粒であると同時に、波動でもあるそうです。

私たちを作っているただ一つのもの、科学ではそれを素粒子と理解されているとしても、それを神、または大いなる存在、宇宙など、私たちの大本となっている存在であると思うこともできます。私はむしろその方がすっきりするなあ、と思っています。一つには、私はなんとなく、神の意志、神の計画がある、という思いが強いからです。そして自分はその神の計画や意志によって動かされている、という感覚があります。

私たちがスピリチュアルな本の翻訳を始めたとき、こうした意識は精神世界の主流になっていました。そして、私たちの前に現れた精霊、サン・ジュルマンからは、「今、地球はとても大変な時期を迎えている。あなた方人類の意識が変わらない限り、この地球は壊滅してしまう。だから宇宙のすべての存在が人類の意識を変えようと必死になっている」と言われました。そして私たちはその宇宙の計画に取り込まれてしまったのです。それはただ、私たちが自分もまた宇宙の一員であること、神の一部であることを身をもって知ったという体験でした。だからやはり、神の意志や計画はあり、聖なる存在もある、という感覚があります。一方で、すべては自分の頭が作り出した幻想であり、実は何も起こっていない、すべては無である、と言う人もいます。その人にとってはそれが正しいのでしょう。人は自分の好みの世界に生きていられる、すべてはクリシュナの夢のまた夢なのだから、というのが私が一番好きなお話です。

14
私はすべて

私たちもこの地球に存在するすべてのものも、同じ一つのものからできています。私たちはもともと、すべて同じ一つのものであり、それが形を変えてここにいるだけです。だからすべては一つ、私たちもすべての一つでありすべてなのです。それを感じて生きること、それが今とても大切になっています。もし、すべてが一つ、同じものであるとしたら、敵も味方もありません。上位のものも下位のものもありません。すべては平等であり、すべては同じように尊く、同じだけの価値があります。そして、その同じものとは、神のエネルギー、愛、すべての源、などと呼ばれています。神も愛もすべての源も、それがどこから来たのか、何であるのかは、私たちにはわかりません。ただそこにあった、そしてそこからすべてが生まれた、ということを感じたときに、私たちはこの生の不思議さと喜びを感じることができるのでしょう。

15
答えはすべてあなたの中にある

私たちは何か疑問があるとき、問題があると感じたとき、自分の外側に答えを見つけようとします。知識に関することや科学に関することなどの場合には、人に尋ねたり、本を読んだり、インターネットで検索することによって、答えを得ることができます。でも、それ以外の問題、自分の生き方や物事をどう選択すればよいのか、といった問題については、この方法はほとんど役に立ちません。だって、あなた自身のことはあなた自身にしかわからないからです。そしてもっと大切なことは、あなたはすべてを知っている、ということです。私たちは宇宙の一部であり、神の一部であり、というか神そのものでもあり、すなわち全知全能でもあるのです。そして、答えが必要なときは、自分の中を見つめ、自分の心に耳を傾ければ、必ず答えが見つかります。すでに、あなたの中にその答えは存在し、あなたが質問したときに、それがあなたの中に浮かび上がってくるからです。人生で迷ったとき、何かの選択に悩んだときは、あなたが自分の中の答えに近づく良いチャンスです。外側に答えを見つけようとして、あたふたと駆け回り、心を波立たせてはいけません。そんなときは、「いつかきっと答えがやってくる」と信じて、瞑想する時間を持ちましょう。

そして、心の奥底から何か声が聞こえてきたら、その声に従って行動するのです。すると、そこから答えへの道が始まります。最初は自分の中にある答えを見つけるまでに、多くのプロセスや時間が必要かもしれません。忍耐も必要かもしれません。でも、常に「自分の内にある答えを見つけるのだ」という思いで動いていれば、そのプロセスはどんどん短くなっていきます。そしていつか、質問と同時に、答えもまた、あなたの中に浮かび上がるようになってくるでしょう。

16

直感やひらめきを大切にする

私たちは今まで、何かをするときは筋道を通して考え、いろいろな情報を集め、比較検討してから方向を決めるのが良い、と思い込んできました。学校でも社会でも家庭でも、みんな、物事はそのように行うべきだ、と教えられてきたからです。これは左脳、合理的な思考を使った人生の送り方です。このやり方で私たちはずっと世界を作ってきましたが、世界の現状を見ると、それは決してうまいやり方ではなかったようです。

物事を進める上でのもう一つの方法は、直感、洞察、ひらめき、などに従うやり方です。これは宇宙から、またはあなたの中心から右脳を通して伝えられる英知、ともいうべき情報です。宇宙やあなたの中心から伝えられる情報は確実で常に正しく、間違いません。とんでもないアイデアに見えることも多いのですが、でも、それはきっとうまくいきます。私たちは筋道を立てた考え方や物事の進め方に慣れすぎていて、直感がとんでもないアイデアを出してくるとびっくりして、それにはとても従えない、と思ってしまいます。でも、これからは直感の時代です。今までの思考による行動は、人間のエゴや勝手な行動を引き出し、世界を今の混乱状態に陥れてきました。世界はともかく、あなたの人生がもし、あまりうまくいっていないとしたら、あなたがあまりにも思考、それもネガティブな思考に縛られて、それに従って行動しているからです。思考を正そうとしても、たいしたことは起こりません。また別の問題が起こってくるだけです。それよりも直感を磨きましょう。ひらめきを大切にしましょう。これかな？　と思ったら、というか感じたら、それを選択してみるのです。感じる、ということがとても大切です。思うのは頭で思いますが、感じるのは心で感じます。そして宇宙やあなたの中心からの情報は、頭ではなく最初に心にやってくるのです。だから心に耳を澄ませなければならないのです。

17 自分の心の声の聞き方

直感やひらめきを感じるには、自分の心の声にいつも耳を傾けることがとても大切です。心に耳を傾けるとき、私たちの思考は停止します。心の声に耳を傾けるとは、静けさに耳を傾けることなのです。頭に絶えず行き交っている思考から、遠ざかることなのです。

心の声を聴く方法はいくつかあります。よく言われるのは、瞑想です。瞑想はいろいろなやり方がありますが、一番易しいのは、身体を動かしながら行う瞑想です。ヨガ、太極拳、気功、ジョギングなど、身体を動かしていると、自然と頭の思考が静まってきます。そしてそれが習慣となると、次第に思考に振り回されなくなっていくのです。

また、1日に数回、深い呼吸をすることも大切です。息が身体の中に入り、また出ていくまでをじっと観察しているときも、私たちの思考は停止します。つまり何かに集中しているとき、私たちは今ここにいて、無駄な思考を忘れているのです。それを繰り返しているうちに、私たちの頭は静かでいることができるようになります。完全とは言えなくても、だんだん、今自分が行っていることと、起こっていることに集中することができるようになるのです。すると、それまで聞こえなかった心のささやく声が、聞こえるようになってくるでしょう。頭が静まったとき、自分の中心からの声、自分の本当の気持ちが聞こえてくるのです。

18

幸せになるための一番のコツ

幸せになるための一番のコツは、宇宙に、神にと言っても良いのですが、すべてをゆだねることだと思います。宇宙は私たちを愛しています。なぜならば、私たちは宇宙の一部だからです。宇宙は自分の一部である私たちを愛で包んでいます。その愛に包まれている自分を感じ、その愛にすべてをゆだねたとき、私たちの人生は自分の願いや夢を超えるような展開を見せ始めます。私たちが頭で思う願いや夢は、それまでの体験や見たこと聞いたことの範囲内でしかありません。私たちが体験したこと、見聞きしたことは、この世界の一部、それもごく小さな一部でしかありません。世界には私たちが知らないことがいっぱいあり、この世界よりももっと広い宇宙には、私たちが想像もできないほどの広がりと深さと多様性があります。そして、宇宙はその中から、私たちに最適なものをどんどん送り出しています。そしてきちんと、「送りましたよ」というサインもくれます。それが直感やひらめき、偶然の一致や前兆、といったものです。そのサインが来たとき、それに乗っていけば、私たちは素晴らしい世界へと導かれていくのです。宇宙にお任せし、神様の導きのままに行くことこそ、これからの私たちの生き方なのです。

第4章

スピリチュアルって いったい何なのか

1

精神世界っていったい何なのか

精神世界とは、目に見えない世界について探究する世界だと、私は思っています。最近は、目に見える世界、科学的に証明可能な世界、物質的な世界だけを唯一の世界だと思っている人は少ないと思いますが、私たちが精神世界の本を翻訳し始めた30年前には、目に見えない世界の話を受け入れられる人はあまり多くはありませんでした。

精神世界と呼ばれる分野もかなり広くて、天使や精霊の存在を信じ、彼らの導きを得ることだと思っている人もいれば、私たちの魂に関すること一般だと思っている人、超能力のことだと思っている人など、いろいろです。

私は精神世界とは、基本的には自分が何者であるか、自分の本質、宇宙の本質を探る世界だと思っています。自分と宇宙は一つであること、つまり、自分自身を深く探求していくことだと思います。そして、愛と平和の存在である自分に出会っていくのです。

でも、そのプロセスには、天使や精霊や妖精に憧れたり、彼らからのメッセージを受け取ったり、他の星に住むバシャールのような存在からの教えを受けたり、スプーン曲げや超能力によるヒーリングなどとの出会いがあったり、輪廻転生を知ったりします。それらすべてをひっくるめて精神世界であると言っても良いでしょう。これが精神世界だと、特に規定する必要はないのかもしれません。目に見える世界だけが存在している、科学的ではないことはいかさまだと信じて生きていた人々が、いや、実は目に見えない世界こそが本当の世界なのだとわかったとき、その人にとっての精神世界が開かれていきます。そして、それぞれの人によって、精神世界はそれぞれの色彩と意味を持っているのだと思います。

気を付けなければならないのは、精神世界と言うと、私たちの日常の生活とは関係のない頭の世界だと思いがちなことです。大切なことは、精神世界と日常の生活を一致させること、精神世界で学んだ自分自身や愛や平和を日々の生活の生き方そのものにすることです。そのときに初めて、私たちは真の精神世界に生き始めるのです。

2 スピリチュアルっていつからできたの？

スピリチュアルという言葉が日本で普及したのは、美輪明宏さんと江原啓之さんの「オーラの泉」というテレビ番組が人気を博してからです。それまでは、そもそも精神世界の事柄はまだまだ一般的ではありませんでした。また、精神世界という言葉についても賛否両論があったと思います。特に、英語のスピリチュアル、という言葉をどのように訳すかについては、翻訳者である私たちもとても悩みました。スピリチュアルとは、直訳すれば霊的な、という意味です。英語をそのままカタカナで書くのはまずいと思って、霊的、魂の、などと訳していましたが、霊や魂という言葉に対して抵抗を示す人が多かったのです。江原さんがスピリチュアル、という言葉をテレビで使ってから、この言葉が精神世界や、目に見えない世界、魂の世界を指す用語として、普及したように思います。

しかしスピリチュアルな事柄、それを追求する動きは、すでに19世紀終わりごろから始まっています。イギリスの心霊科学協会や、ブラバツキー夫人が始めた神智学協会などが、そのころ設立され、霊的現象の研究を始めました。しかし、現在のスピリチュアルは当時とは全く形を変えて、私たちの意識の次元上昇を目的としたさまざまな動きである、と言ってよいと思います。こうした動きは50年ほど前、ヒッピー文化がアメリカで盛んになったころから始まっています。もっと自由に、もっと人間性を開花させた生き方を追求しようという人々が、アメリカを中心にして生まれたのが始まりです。アメリカのエサレン研究所、イギリスのフィンドホーン共同体など、新しい生き方を模索する組織が生まれたのもそのころでした。この一連の動きはニューエイジ運動と呼ばれ、西暦2000年までに愛と平和の世界を作ろうという掛け声のもと、多くの人々がこの運動に引き込まれていきました。この運動は1985年ごろに日本にも入ってきて、今に至っています。ただ、ニューエイジ運動という呼び名はすでに廃れて、スピリチュアルな世界を目指す動きとして捉えられています。

3
宗教とスピリチュアルの違いは何か？

スピリチュアルとは、次のような真理を自分自身の探究を通して知ることです。

人間は魂の存在である。
すべては一つ、すべては同じものからできている。
愛こそがすべてである。

そして、これはすべての人にとっての真理であり、宇宙の真理でもあります。宗教や人種、性別、国別などには全く関係がありません。そしてこうしたことを誰かに押し付けたり、教え込んだりすることもありません。学ぶ人が自由に、その人のペースに合わせて学び、知っていくものです。スピリチュアルの学びは、誰もが自由に行えて、とてもオープンで制限がありません。誰が中心だということもありません。一人ひとりの心の問題だからです。

一方、宗教とは、同じような事柄を教えとして持っていますが、教えの中心に教祖様がいる組織体のことです。また、その宗教を作った最初の人物、例えばイエス、釈迦、マホメットなどを唯一尊い存在として崇拝しています。そしてそれぞれに教義があり、それが絶対的に正しいとして、信者に教え込まれます。キリスト教や仏教、イスラム教はその形だけ見るとかなり違うようですが、どれも確固としたヒエラルキーのある組織であり、信者と信者ではない人たちの間にはっきりとした区別があります。ただ、宗教はスピリチュアリティを学ぶために、役に立つこともあります。しかし、いつかは自分自身の内なる英知に気づいて、宗教からも自由になる必要があると思います。

4

輪廻転生ってほんとうにあるの

輪廻転生が本当にあるかどうか、私にもよくわかりません。前世を覚えている子供たちの話を集めて、それが本当かどうか研究した結果、本当に彼らの話通りの町や村があった、という話や、ある女性が自分の過去世を思い出し、その町に行って自分の子供だった人たちと会った、という話などがあります。また、前世で傷を負ったところが今生で痛みを持っていたのに、傷を負った前世を思い出しただけで、それが治ってしまった、という話もよく聞きます。また、私は沢山の人の前世をリーディングしていますが、多くの方はその前世と今生の関連にうなずいていました。

だから輪廻転生は本当かもしれません。でも、一般的にはどんな前世を思い出したとしても、それをきちんと証明することはできないでしょう。ワイス博士の『前世療法』シリーズには、前世を知ることによって、病気が治ったり、人生が変わったり、長年悩んでいた問題が解決したりする例が沢山、書かれています。

最近は、精神世界も大きく変わりつつあります。様々な体験や学びを通して、今までとは違う見方をする人たちが現れているのです。その一人に、雲黒斎さんがいます。彼によると、一つの魂がずっと転生していくという意味での輪廻転生はないそうです。

私たちは肉体の中に魂と呼ばれるエネルギーが宿って、今ここに生きています。今までの輪廻転生では、この魂は私という個の魂であり、今生肉体を離れると向こう側の世界に戻っていき、そこで私の魂のまましばらく過ごしてから、再び違う肉体へと宿る、とされています。しかし、雲黒斎さんは、個別にずっと続いている魂はなくて、私たちの魂は肉体を離れると向こう側の世界に存在する大きなエネルギーの中に溶け込むそうです。私の魂は全体の中に消えてしまうのです。そして、新しく生まれてくるときには、全体のエネルギーから小さな風船を作るようにエネルギーが分かれて、新しい肉体に宿るというのです。

私たちが肉体に宿っている間に体験したこと、考えたことなどはすべて、そのエネルギーの中に記憶として残っています。あらゆる人のトラウマ、傷、ネガティブな感情、才能、性格などが混然一体となって、そこには含まれています。そしてそこから分かれた小さな風船のような魂には、いろいろな要素が含まれています。そして、その要素が今生の自分に影響しているそうです。

そしてもちろん、輪廻転生などはない、人間は死ねばそれで終わりで無になる、と思っている人も沢山います。というかその方が多数派かもしれません。魂のことはまだわからないことだらけです。死んでみないとわからない、というのが本当かもしれませんね。そしてもし、あなたが「前世は存在する」と感じるならば、それが今のあなたには正しいのです。自分の感覚に合うもの、ああ、これなのだ、と感じるものが、今のあなたに必要なものなのです。そしてこれは精神世界やスピリチュアルなことを学ぶときにあなたの前に現れるどのようなことに対しても、該当することなのです。

5

人生の問題はスピリチュアルになれば解決できる

目に見える世界、科学的に説明できる世界だけしか信じない人は、自分に制限を付けているだけです。自分をとても狭い世界に閉じ込めているだけです。何かつらいことが起こったとき、問題が起きたときも、目に見える世界だけを信じていると、自分が知っていることとやすでに体験したことの範囲内で、それを解決しようとしがちです。すると、解決の手段も限られてしまって、解決の道がなかなか見つからなくなります。アインシュタインは「問題は、問題と同じ次元にいては解決することはできない」と言っています。同じ次元では問題全体を見通すことはできないからです。それに、たとえ同じ次元で問題を解決したとしても、それはどこかにまた問題を生じてしまいます。そして、問題は形を変えながら延々と続くことになります。でも、科学的な見方を止めて、感情や直感をもっと信じ始めると、いわば上からその問題の全体像を見るようになって、根本的な解決法がわかってきます。つまりスピリチュアルなものの見方ができるようになると、問題の根本的な問題が、エネルギーのゆがみだったり、あなたの意識の問題だったり、何かに気が付くためのチャンスに過ぎなかったりということがよくわかるようになるのです。そして問題は解決し、あなたは一歩成長していきます。そしてそのたびに軽やかになり、自分を許せるようになり、自分を愛し信頼できるようになります。そして、あなたは幸せになるのです。

6

なぜスピリチュアルは人を幸せにするのか？

スピリチュアルに目覚めると、多くの人は以前よりも幸せな感覚を持つようになります。また、実際に幸せな人生を生き始める人も大勢います。それはなぜなのでしょうか？

スピリチュアルに目覚めるとは、目に見えない世界の存在に気づくことです。すると、それまで目に見える世界や科学的に証明されている世界に限定されていたあなたの意識が、大きく広がります。目に見える世界に加えて、目に見えない世界（の一部）があなたの世界になったのです。そのとき、実は目に見える世界も変わり始めています。スピリチュアルに気づいたとき、または何か自分の中で制限が外れたような感覚があったとき、今までよりも周りがずっと明るく見えるようになったという体験はありませんか？　スピリチュアルに成長するにつれて、実は私たちはもっと明るくて軽やかな世界へと移行するのです。

そして、私たちの物事に対する執着や他人に対する期待が減り、そして過去や未来が気にならなくなります。困ったときにはどこからともなく、助けが現れるようになります。それと共に、自分自身に対する信頼が増し、流れに乗って動いている自分に気が付くようになります。まだまだ、いろいろな問題は起こるし、自分をバッシングすることや他人を恨むこともあるかもしれません。それでも、どこかで「大丈夫」という声がして、我慢強くそれらのトラブルを乗り越えられるようになります。そして気が付くと、あなたの心の中には、平和と安心と愛があふれ始めます。イライラや怒りがどんどん減っていき、幸せを感じるようになるのです。

7

あなたの本質は幸せと喜びそのもの

それ以上に大切なことは、実はあなたの本質、本当のあなた、魂のあなたは、幸せと喜びそのものだ、ということです。スピリチュアルの世界とは、本当の自分自身に戻ることです。家族や学校や社会から教え込まれてきた思い込みや信念に気づき、自分の本質である魂に目覚めると、私たちは魂のままに生きることができるようになります。あなたの本質である魂は幸せと喜びに満ちているのですから、あなたはもう、幸せで喜びに満ちるよりほかなくなります。それまでのあなたはたぶん、喜びや幸せは外側からやってくると思っていたかもしれません。欲しいものが手に入ったとき、誰かに褒められたとき、恋人ができたとき、結婚したとき、子供が生まれたとき、良い仕事に恵まれたときなど、それが幸せを自分に運んできてくれると思っている人は、今でもいっぱいいます。でも、そのようなあなたの外側で起こる物事は、いつ、なくなってしまうかわかりません。それに、最初は幸せと喜びを感じたとしても、すぐにその状態やものに飽きてしまって、つぎのものやことが欲しくなってしまうものです。つまり、こうした幸せは偽物であり、つかの間のものなのです。あなたの魂に備わっている幸せは、常にそこにあります。決してあなたを離れることはありません。幸せを感じるために必要な条件もありません。自分の本質に戻りさえすれば、常にあなたは幸せであり、平和であり、愛に満ちているのです。そしてそれこそがスピリチュアルになるということでもあるのです。

8

スピリチュアルに目覚めるのはいつか

今、地球に生きる私たちの目覚めが急がれています。これまで私たちは物質主義の催眠状態にいました。物質的に豊かになることが良いことであり、幸せになる条件だ、と思い込んでいたのです。私たちはこの催眠状態に長いこと陥っていました。その結果、今地球も私たちも危機を迎えています。その危機を乗り越えるには、スピリチュアルな目覚めが必要なのです。そして、今どんどん多くの人々が目覚めています。そして、私たちの体験では、誰がいつ目覚めるかは、生まれる前にすでに一人ひとりが決めてきたように感じています。昨日までガチガチの物質主義者だった人が、何かのショックで自分の魂に目覚めることもあります。ずっと、スピリチュアルな事柄に関心はあるのに最後の一歩が踏み出せずに、いまだに冷ややかにスピリチュアルな人たちを見ているといった人もいます。つまり、いつ誰が目覚めるかは、その人でさえ、そのときが来るまでわかりません。でも、すでにみんないつ目覚めるか魂は決めているのです。今、急激に目覚める人が多くなっているように感じます。そしてスピリチュアルに目覚める人が一定の数に達したとき、もしかして、この世界が今までとは違う動き方をし始めるかもしれません。今まで敵対していたグループが仲直りをし、戦争をしている人たちは戦争を続けるのが馬鹿らしくなり、あたたかな愛に満ちた世界を創り出す方向へと近づくかもしれません。それがいつ来るのか、とても楽しみです。

9

スピリットダンスについて

私たちはこの15年、スピリットダンスと名付けた自由ダンスの会を開いています。ファイブリズムズというアメリカで開発された自由ダンスがありますが、それがあまりに素晴らしかったので、東京でも自由ダンスの集まりを開くことにしたのでした。

このダンスは瞑想曲からロックまで、様々な音楽に合わせて振り付けも何もなしに、即興で身体の動くままに自由に踊るダンスです。スピリットダンスでは、何も教えません。なぜかと言うと、私たちはあまりにも教えられることに慣れすぎていて、自分の内にある動きや衝動や創造性を発揮できなくなっているからです。ここでは何も教えずに最初から「音楽に合わせて自由に踊ってください」と言うだけです。最初はそれに戸惑って、どのように踊ってよいかわからない人もいます。でも、しばらくたつと、自然に身体が動き始めて気持ち良くなってきます。そして次第に自由に、気持ちのままに身体が動くままに踊ることができるようになるのです。そしていろいろな気づきが起こり始めます。最初にみんなが感じるのが、「人に見られて恥ずかしい」という感覚です。「こんな踊りでいいのかしら」「変に思われないかしら」などなど、踊りながらいろいろな思いが湧き上がってきます。でもそのうちに、自然と思いが自分の内側へと入っていき、人によっては今まで隠していた悲しみや怒りなどの感情が、ふいに表面に浮かび上がってくることもあります。泣きながら踊りました、急に悲しくなってしまいました、と言う人もいます。自由に踊っているうちに身体がほぐれ始め、今まで滞っていたエネルギーが流れ始め、それと共に、ずっと心と身体にため込んでいたトラウマや感情が表面化するのです。ただ自由に身体を動かしてダンスをするだけで、健康を取り戻したり、落ち込みから立ち直ったり、人生の目的に気づいたり、人生に明るさと生きがいを感じ始めたりする人がなんと多いことでしょうか？　ヨガや瞑想も同じような役割を果たすと思いますが、スピリットダンスはとても簡単で、人によっては非常に効果的な自己解放の手段と言えます。家で一人で音楽に合わせて自由に身体を動かしているだけで、今まで知らなかった自分を発見できるかもしれません。

10 心の持ち方を変える方法

アファーメーションは自分の意識を変えるための強力な方法です。私たちは今の自分をもっと変えたいと思っても、なかなか変えられないものです。そのようなときに、変わった自分を想像して「私は……です」と毎日、何回も宣言する（アファーメーションを唱える）と、次第に自分の心の持ち方が変わり、いつか宣言通りの人生を送っている自分を発見します。それがアファーメーションと呼ばれる方法です。

たとえば、あなたがどうしても自分を愛することができないとします。そのようなとき、アファーメーションはとても強力な助けになります。毎日、思いだしたときに、「私は自分を許し、自分を受け入れ、自分を心から愛します」と宣言するのです。声に出して言うのが最も効果的ですが、電車の中などでは、心の中で繰り返すだけでも良いでしょう。実は私もこのアファーメーションを行って、とても助けられています。

またあるとき、私の親しい友人が「私はどうしても自分に自信が持てないの」と相談してきました。彼女はとても素晴らしい女性でなんでもできるのに、なぜか自分に自信が持てなかったのです。そのとき、私は彼女にアファーメーションを薦めました。「毎朝、鏡の中の自分を見つめて、『私は自分を愛します。自分を信頼します。そして私は自信にあふれています』と言いなさい」と。数日後、彼女が「あのやり方はとてもパワフルみたい」と言いました。そしてまた数日たつと、私にも彼女が変わってきたことがわかりました。笑顔が以前よりももっと明るくなり、言葉にも力が出てきました。そしてなんとなく風格が出てきたのです。アファーメーション、それも鏡の前で自分を見つめながら行う方法がどれほど効果的か、彼女は教えてくれたのでした。

その他、どんな状況でもこのアファーメーションは使えます。仕事がうまくいかずに自信をなくしたときには、「仕事はうまくいっていませんが、私はそれを受け入れます。そしてこれが私の成長に役立つことを確信しています」などのアファーメーションを作って、やはり1日に何回も繰り返します。すると、次第に苛立ちや自分を責める気持ちがへって、もっとポジティブな気持ちになれるでしょう。アファーメーションの作り方は、最初は簡単な文章から始めると、次第に自分の心から自然に言葉が湧き上がってくるようになります。そしてその言葉を数回繰り返すだけで自分の気持ちに変化が起こるようになってきます。アファーメーションについてもっと詳しい本がいくつかあります。興味のある方はルイーズ・ヘイとデーヴィッド・ケスラー著、『それでも、あなたを愛しなさい』（フォレスト出版）を読んでください。

11

世の中はどう変わっていくのか

　こればかりは私にはよくわかりません。ただ、30年間、人々の意識を変えるという運動に参加してきた一人として、また、自分自身の意識の進化を目指してきた一人として、こうなるのかしら、こうなってほしいな、と思うことはあります。

　この30年間を振り返ってみると、スピリチュアルな意識にはとても大きな変化があったと思います。第一に、多くの人が意識の変容をこの30年間に体験して、生き方を変えています。ヒーラーになったり、物書きになったり、絵を描き始めたりと、仕事を変えた人も沢山います。同じ仕事をしていても、人々との繋がりや愛と平和を大切にする人生へと変わった人も沢山います。30年前までは、おかしなことだと思われていた輪廻転生や愛の大切さ、直感やひらめきで生きることの重要性なども、ごく当たりまえに話せる雰囲気が出てきていま す。そのようなことを伝える歌や漫画、小説、CMなども普通になってきまし た。

もう一つは、スピリチュアリティの内容そのものが深化し、また多様になっ てきたということもあります。最近では非二元論のように、私たちの世界は一人ひとりの脳が作り出した幻想の世界に過ぎないという人々もどんどん増えています。それと同時に、輪廻転生や精霊や天使の世界を知ることによって、意識の変容を体験する人もいっぱいいます。今は、それぞれに応じて、多くの意識変容のための道が開かれているように感じます。

振り返ってみると、この動きは2000年以降に起こったように思います。私にとって、それ以前は「自分を知る」「すべては愛」「人は輪廻転生を繰り返して学んでいる」「死はない」ことなどこそが真実であると、何の疑いも持っていませんでした。しかし今、私が知らなかった体験をする人たちがどんどん現れています。そして非二元論の世界を覗き見た、というか体験する人（彼らによるとそれは体験とは違うそうですが）も増えているようです。それと共に、世界中の3次元的な現象も変わってきているのかもしれません。

私の感覚では、今は光の渦がどんどん強く、大きく、しかも渦の中心に急速に近づいているような気がしています。そのために人との繋がりや親しさが増し、物事が急速に進行している感覚を持つ人々が増えています。

世界がどのようになるか、それはわかりません。ただ、多くの人が2015年から16年には大きな変化が訪れるだろう、と予測しています。また、2015年の9月に、根本的なエネルギーは全く変わってしまったと言う人たちもいます。どのように変わるかと言えば、それは今までの物質やお金第一主義から、愛と平和とワンネスを大切にする社会への変化だと思います。いずれにしろ、スピリチュアルに目覚めるということは、愛と平和の大切さに気づくということです。そのことに気づく人が多くなったとき、おのずと世界もまた、愛と平和な社会へと、少しずつ変わっていくのだと思います。少なくともそうなってほしいと思っています。

第5章

思い込みを捨て、平常心を引き寄せる極意

1

悟りって何？

悟りとは自分が何者か、知っていることです。自分は神であり、宇宙であり、全体と一つのものであると知っていることです。知っているとは、本を読んで頭で理解することとは違います。心で感じる、心でそれが本当だと知る、または実際に宇宙と一体化する、宇宙の始まりまで行ってしまった、はっとひらめいたなどの、不思議な体験から自分が何者であるか、どんな存在であるかを知る、ということです。そして自分が何者であるかを知ると、平和と安定と絶対的な信頼があなたの中に生まれます。そして人生に何一つ、問題が起こらなくなります。時には、ちょっとした思い違いや躓きが起こることはあっても、それは道を少し外れているよ、というサインであったり、さらに体験と英知を深めるための試練だったりします。

かつて、私はアッシジの聖フランシスコの精霊からいろいろなメッセージをいただいていたことがありました。そして彼に「あなたが生きていたとき、あなたは最も悟った人だったのでしょうか」と質問したことがありました。それに対して、「いいえ、違います。私よりももっと悟った人々がいました。神を信じ、日々敬虔な祈りを神にささげ、神に深く感謝して、大地と共に生きた農民たちこそが、真に悟った人々でした」とフランシスコは答えてくれました。感謝と祈り、大いなるものへの信頼、それもまた悟りの人生そのものなのでしょう。

2

悟りは誰でも得られるのか？

今は人々の意識が広がり、悟りへの道を多くの人々が歩んでいる時代です。ただ、悟り、と言うと難しい感じがしますが、自分自身を学ぶ、自分自身を知ることが、悟りと同じことだと知れば、それは誰にでも可能なことだとわかります。ただ、人はいつスピリチュアルに目覚めるか、自分自身を知る旅に出るか、宇宙の真理を知る道を歩み始めるか、実はすでに決めてきているのだと思います。だから、一生、そのようなことに無関心のまま終わる人もいるでしょう。思いもよらないときに、臨死体験をしたり、深い悲しみや嘆きの果てに神と出会ったり、自暴自棄になって人生を呪っているときに、無の世界を垣間見てしまったりして、宇宙の真理を知ってしまい、悟ってしまう人もいます。かと思うと、悟りたくて必死になって瞑想を何十年も続けたのに、一向に自分が何者かもわからず、心の自由や温かさを得ることすらできなかった、という人もいるでしょう。一説では、悟りたいと思うと、悟れないとも言われています。悟りたくてしょうがない人が、あまりに悟れないのでがっくりきてぼやっとしていたときに、はっと何かがわかった、という話もあります。たぶん、誰でも悟れるのです。悟りとはつまるところ、素の自分、本来の自分、生まれたときの自分に戻ることなのですから。そしていま、多くの人が本来の自分に立ち戻る時代に来ています。実は、私たちはすでに自分が何者か、知っているのです。悟りも知っているのです。でも、これはゲーム。知らないふりをして遊んでいるだけなのかもしれません。いずれにしても私たちは死んで向こう側の世界に行ったときに本当の自分が何者なのか、たぶん、すべてを思い出すことができるのですから。

3

怒りなどの心のとらわれから解放されるために

悟った状態になるのを妨げているのは、私たちが身につけてしまった信念やネガティブな感情です。怒り、恨みつらみ、悲しみ、自己卑下、罪悪感、劣等感、優越感、嫉妬など、幼いころの両親から受けたトラウマや、成長期のつらい体験によって、私たちはこうしたネガティブな感情やトラウマを身につけてしまいます。そして、それが本来の明るくて愛にあふれ、幸せいっぱいなあなたの魂を曇らせ、真の喜びを体験できなくしているのです。こうした負の感情やトラウマを捨てること、手放すことによって、私たちは幸せになり、喜びに満ちた毎日を送ることができるようになります。魂の本質は喜びと幸せだからです。

さて、ではこうしたネガティブな感情やトラウマを解放するにはどうすればよいのでしょうか？　まずは自分のそのような感情やトラウマに気づくことです。それだけで、かなりその感情は減っていきます。次にはその感情を取り込んでしまったときのこと、出来事などを思い出すことです。私は誰かに非難されると、とても傷つき、感情的になる癖がありました。あるとき、それが子供時代に母からひどく叱られたためであることに気づきました。誰かにちょっと非難されただけで、私は子供時代の傷ついた自分に戻ってしまっていたのです。それに気づいてからというもの、私は少しくらい非難されても、軽くかわせるようになりました。でも、このプロセスは結構大変です。最近はもっと楽にネガティブな感情やトラウマを解放できる方法がどんどん増えています。

私が体験しただけでも、いくつもあります。次にいくつか私が知っている方法をあげておきます。

1

ネガティブな感情を解放する方法

◎**TRE**　トラウマ解放エクササイズは、身体が動くままに揺らしていると、自然にトラウマやネガティブな感情が解放されて楽になるというエクササイズです。アメリカのデーヴィッド・バーセリ博士が開発した方法です。私は生まれたときのトラウマをＴＲＥで解消したことがあります。どのようなトラウマか自覚できなくても、身体を揺らしているうちにどんどん楽になり、心身の健康を取り戻すことができます。

◎**EFT**　タッピングと呼ばれる方法です。頭のてっぺんからわきの下まで、8か所のツボを軽く指先で叩いていく方法です。そのとき、自分がそのときに持っている問題を明確にし、どのようになって欲しいか決めて、その状態を言葉で表しながら叩いていきます。すると、目がよく見えるようになったり、痛みがなくなったりします。それとともに、心理的な問題が解決することも良くあります。私は背中の痛みを取りたいと思ってタッピングをしたところ、ふいに涙が出て20年も前のつらい記憶がよみがえってきました。そこでその気持ちについてタッピングした結果、ずっとトラウマになっていたそのときの気持ちがすっかり解放されました。

◎ヒーリングコード　これは5本の指先を合わせて、それを額の真ん中、こめかみ、耳の下、首の真ん中に向けて指先から出るエネルギーを送る方法です。この4か所に自分の指からエネルギーを送ることによって、脳内に変化が起こるそうです。そして心身が癒されていくという方法です。私はこの方法を毎日行っているうちに、自分がとても落ち着いて穏やかになり、平和な気持ちになっていく体験をしています。このヒーリング法を開発したカウンセラーは、奥さんが強度のうつ病だったのですが、あるとき、宇宙からこのヒーリング法を教わりました。すぐにヒーリングコードを毎日行った結果、奥さんはすっかり元気になって今は大活躍されています。

◎エモーション・コード／気アラインメント　この二つの方法は、身体や心の問題の原因である事柄をオーリングテストなどで特定して、その原因を磁石を使って解放する方法です。先にあげたいくつかの方法は、一度やり方を習うと、自分で行うことができますが、この二つの方法は、原因を特定するためにはカウンセラーが必要になります。私は数回、セッションを受けていますが、自分では解放しようのない父や母から受け取っているトラウマを解放していただいて、とても楽になったことが数回ありました。

◎スピリットダンス　私たちが行っている自由ダンスです。音楽に合わせて自由に身体を動かしているうちに、自分の中で抑圧されていた感情が表れてくることがあります。そして、それを踊りながら解放しているうちに、新しい自分に気づきます。最近は、私たちの気持ちが全体に明るくなっているので、このプロセスが素早く起こるようになっています。

これらは私が今までに体験してきた方法です。それ以外にもたくさんあるでしょう。古くからある瞑想、黙想、誰かに聞いてもらう、気づきのセミナーやファミリーコンステレーションなどのセミナーに参加する、チャネリングの個人セッションを受けるなど、いろいろな方法が今は簡単に受けられるようになっています。

悟りがいつ起こるかは、それぞれに決まっていると思いますが、ネガティブな感情をいつ手放すかも、たぶん決まっているのでしょう。そして、ネガティブな感情を手放すのは、まさに悟りへの道の一部なのです。自然にそれが起こることもあれば、つらい問題に直面して何とかしたいと思ったときにセミナーに参加したり個人セッションを受けたりして、解放が起こることもあります。それもその人が選択した方法なのです。必ず、あなたに最もふさわしい方法がすでに用意されているのだと思います。

5

心のいらだちをスーッとしずめる方法

イライラしたとき、ムカッとしたとき、なんだか落ち着かないとき……そんなときはまず、深呼吸してください!! 1回でもいいのです。どんな深呼吸でもよいのです。腹式呼吸でなくても、4数えて吸って6数えて吐く、などと数えなくてもいいのです。もちろん、腹式呼吸をしたり、数を数えてゆっくり深呼吸したりできれば、それに越したことはありません。でもともかく、深呼吸。深く吸い込んで、ゆっくり吐いてみてください。ところが、こういうときに限って、深く呼吸ができないものです。それでも、深呼吸してください。1回しただけで、かなり落ち着くとは思いますが、3回くらい繰り返すともっといいですよね。

ところが、そうか、そういうときは深呼吸なんだ、と今、心にしっかり刻み込んだとしても、たぶん、本当にイライラしたり、慌てたり、ムカッとしたり、ドキドキしたりしているときには、「深呼吸をしなさい」ということを忘れてしまうものです。あるとき、マウイ島で出会ったヨガの先生が言っていました。「イライラしたり、問題が起こったりしたときは、深呼吸しなさい、とみんなに教えているのに、自分がイライラするときにはそんなこと、すっかり忘れてしまうのよね」。

だから、そんなときに深呼吸、ということではなく、1日1回は深呼吸をしてください。瞑想している人はたぶん、その必要はないと思います。瞑想をするときは自然と呼吸がきちんとできています。必要な酸素が身体に行き渡ります。もっとも、あなたがもし瞑想をいつもしているならば、イライラすることもないですよね。

でも瞑想をする時間がない、瞑想は自分には無理だ、などと思っているあなたは、ぜひ、1日1回の深呼吸を忘れないようにしましょう。朝日を見ながら深呼吸、なんていいですね。実は私たちの身体は常に酸素不足になっているそうです。私たちの呼吸が浅くなっているからです。だから、意識的に深呼吸することがとても大切です。それに自分が呼吸していることに少しでも意識を向けることは、自分自身の身体や心を感じるきっかけにもなります。ぜひぜひ、深呼吸をお忘れなく。1日1回でもいいのですから、1日3回深呼吸すると、人生が変わり始めると思います。

6

感情的にならずに、平常心でいるにはどうすればよいか？

もし、あなたがいつもすぐに怒りが爆発したり、すぐに落ち込んだり、すぐにみじめに感じたりするとしたら、それは誰かの言動があなたの中にある傷に触れたからです。感情的になるには、必ず相手がいります。誰かに何かされたり、言われたりすると、それに反応して、あなたの中にかくれていた怒りや落ち込みやみじめな感情が触発されて、感情的な言動をしてしまうのです。怒りや落ち込みやみじめさを感じるのは、別に悪いことではありません。誰かにひどいことを言われて怒りを感じたとき、それを素直に表現することはむしろ良いことです。怒りをため込まずに、そのときにきちんと解放しているからです。でも、それが慢性的なあなたの人に対する反応であるならば、それは何とか対処した方が、人生が楽になります。

人に対して常に怒りを感じるとき、その怒りはあなたの中にあります。子供の頃に感じたのに、それをきちんと表現せずに抑圧してきた怒りです。そのため込んだ昔の怒りに触れる言葉や態度を誰かから示されると、すぐに子供の頃の怒りがそれに反応して、怒りの感情を感じるのです。そしてその怒りをまたしても表現せずに抑圧するとさらにこの怒りは膨らんでいく……そのサイクルをずっと繰り返しているうちに、すごく怒りっぽい人間になってしまいます。そして、ある日爆発して……または怒りを表現しても良い立場になったとたん、その怒りを部下や家族に対してぶつけ始めたりするのです。そのような怒りを止めるには、子供時代から蓄積してきた怒りを解放してやるしかありません。そのためには、怒りを感じたときに、その怒りは今目の前にいる人や目の前の現象に原因があるのではなく、自分がため込んできた怒りが噴出しているのだ、とわかることが大切です。目の前の出来事は、それを引き出してくれたきっかけに過ぎないのです。それがわかるだけで、怒りは少しずつ、解放されていきます。すると、子供時代の悔しい思いや、怒りを抑圧したときのことを思い出す。するとまた怒りの種が減っていき……というプロセスを繰り返していくうちに、次第に心が穏やかになって、それまでは怒りで反応していたことに対しても、平常心でいられるようになるでしょう。すべてはあなたの中にあるのです。他の人のせいにしても何も変わりません。変えられるのは自分だけなのですから。

7

感情的になったら、それを素直に表現しよう

感情的になることは、別に悪いことではありません。

感情が出てきたときに、それを無理に押しとどめる方がずっと、害がありま す。もちろん、怒りが出てきたからといって、他の人にそれをぶつけたり、暴力を使ったりしてはいけません。自分が怒りを感じていることを、素直に認め、それを自分に許すのが一番大切です。すると、きっとどうすれば適切にその怒りを解放できるか、その場で答えが出てきます。または知らず知らずに、適切な行動をとっているかもしれません。そのようにして、怒りや悲しみなどのネガティブな感情を、「ほかの人の前で恥ずかしい」「怒りを見せるのは良くないことだ」などと思って抑圧しないようにしましょう。

怒りも悲しみも、どんな感情も、それは一時のエネルギーです。それをきち

んと体験し、感じ、そして手放す、そのプロセスを踏んでください。

8

泣きたいときは思い切り泣く

泣く、という行動も感情的だとして、時としてネガティブにとらえられていま
す。確かに、泣き落としを狙って、泣いてばかりいる人もいるかもしれません。
それはそれとして、実は泣くこと、涙を流すことはとても大切なことです。私
たちが心の中に抱え込んでいる悲しみ、重さ、自己卑下、無価値感などを、涙
は洗い流してくれるからです。涙は心と身体の緊張をときほぐし、脱力させて
くれます。そして、涙は私たちのすべてを浄化してくれるのです。泣いて泣い
て泣いたとき、私たちはとてもすっきりして、時には周りの風景が全く違って
見えることさえあります。そして新しい力が自分の中に湧き上がってきたのを
感じるでしょう。

悲しいときやつらいときは、どんどん泣いてください。悲しい映画を見て泣

いてください。心温まるストーリーを聞いて、感動の涙を流してください。涙を流すきっかけは何でもよいのです。涙を流す、泣く、という行動そのものが、私たちの命をよみがえらせてくれるのです。

また、泣いている人を見たらやさしく愛を送ってあげましょう。泣いてはだめ、泣かないで、などと言う必要はありません。その人の心がやわらかくなり、リラックスしてゆくために泣いている、ということを分かってあげましょう。

9

未来の不安や怖れをなくす

未来はまだここにありません。今あるのは今ここだけです。もし、今ここにあるもの、ここにいる自分だけに集中できるならば、未来に対して不安を感じることはありません。今ここしかないのですから。だから、未来に対する不安をなくすには、今ここに意識をしっかりと向けることを練習しましょう。

何かを夢中になってやっているとき、私たちは今だけ、ここだけに意識を向けています。難しい仕事をしているとき、細い山道を下っているとき、私たちはそのことだけに集中しています。もし、意識を他のことにそらしたり、先のことを考えたりしたら、あっという間に間違ったことをしてしまったり、道を踏み外してけがをしたりしてしまいます。人生も実は同じことなのです。人生は難しいことでも、険しくて細い山道を下っていくことでもありません。でも、今、ここ、から意識をそらしてしまうと、人生は難しい問題になったり、険しくて細い山道になってしまったりします。そして、さらにそこから意識がずれると、けがをしたり失敗したりするのです。今ここにさえいれば、何も心配はいりません。問題も険しい道も存在しないからです。

ではどのように今ここにいればいいのでしょうか? 瞑想はそのための一つの練習です。深呼吸や呼吸法もそのための練習です。もう一つ大切なことは、スペースアウト、つまり、今ここではなくどこか他のことを考えていて、無意識のままに今を過ごしている自分がいるとき、その自分に気づくことです。そんなとき、何を考えているかと言えば、過去のことと未来のことです。しかも過去を悔やみ、未来を不安がっていることがよくあります。それに気づくことが第一なのです。今ここにいることがどのようなことかわかると、次第に今ここにいられるようになるでしょう。

第6章

いい人間関係を引き寄せる極意

1 いい人間関係を引き寄せるには？

いい人間関係を引き寄せる唯一の方法は、あなたが良い人になることです。良い人って言っても、人に気を使っていつも良い人でいる、ということとは違います。周りの人に気を使って、自分の思いや感情がどんなでも、その人たちに良い顔をするのでは、良くない人間関係を引き寄せるだけです。

本当の良い人とは、
いつも自分自身でいる人。
リラックスしていて心に垣根のない人。
ありのままの自分を受け入れ、許している人。
自分のことを大好きな人。

なのです。

すると、あなたの周りには自然と同じような人が集まってきます。またはあなたのようになりたい、と思う人が集まってきます。そして、お互いに心を分かち合い、助け合い、尊敬し合い、愛をかわし合う人間関係を築くことができるのです。

そもそも良い人間関係って何でしょうか。もし、あなたの考える人間関係が、自分の得になる人たちと親しくなることであるならば、それはあなたのエゴを満足させ、あなたが社会的に成功するために少しは役に立つかもしれません。でも「引き寄せの法則」によれば、あなたはあなたと同じような人を自分に引き寄せます。ということは、あなたと知り合う人もまた、あなたを利用しようとしているかもしれません。一時的にはあなたを引き上げてくれるかもしれませんが、次に何が起こるかわからないでしょう。

良い人間関係とは、お互いに大切に思い、心が通じ合い、尊敬し合い、いつも一緒にいると楽しいし、たとえ、一緒にいなくても懐かしく思う、そんな関係でしょう。もちろん、自分の得になると思った人と、そのような関係ができるときもあると思います。そのときはたぶん、あなたの魂と相手の魂が、とても近い関係にあるときではないでしょうか？

良い人間関係を作るためには、あなた自身になってください。あなたの魂を輝かせてください。自分を大好きになって、自分自身と良い人間関係を作って下さい。それに尽きるのです!!

2

苦手な人、嫌いな人とはどうつきあえばいいのか?

人間、社会で生きていれば、苦手な人にも嫌な人にも出会うものです。よくある話が、上司とうまくいかない、引っ越して来たら、隣人がひどい人だった、という話です。でも、気の合わない嫌な上司や、迷惑な隣人は、実はあなたに何かを教えるためにあなたの前に現れています。それも実はあなたが引き寄せた人なのです。

何のためかと言えば、あなたが自分の中にある歪みやトラウマや問題に気づくためです。つまりあなたが成長するために、自分で引き寄せた人たちなのです。だから、まず、その人たちが現れたことに感謝しましょう。そんなことはできないって? それはそうですよね。でも、ありがとう、とブツブツ言ってみてください。そして、心を落ち着かせて相手を観察すると、相手から学ぶべきことが少しずつ見えてくるでしょう。それは寛容かもしれません。それは我慢かもしれません。自分も同じようなことを人にしている、ということかもしれません。自分が上司になったときは、こんなことではいけない、という反面教師であるかもしれません。ともかく、何か、あなた自身に関して、嫌な相手から学ぶことがあるはずです。そしてそれをちゃんと学ぶと、あら不思議、その人や、あるいは、あなたが職場替えになったり、お隣が引っ越してしまったりして、問題の人がいなくなります。または、上司が急に親切になったり、お隣と大親友になったりすることさえあるでしょう。すべてはあなたが自分のために引き寄せている、そのことがわかれば人生はどんどん楽になり、あなたの思う良いことがあなたに起こってくるのです。

ただし、その人があまりにも変な人だったり、そばにいては危険な人であったりするときには、逃げた方がいいと思います。この人は危険だと思ったら、ぜひ逃げ出してください。あなたが自分の胸に聞けば、「逃げろ」と直感が教えてくれるはずです。

3 人と自分を比較ばかりしてしまうことへの対処方法

私は人と自分をいつも比較していました。あの人の方が私よりも頭が良い、美しい、成績が良い、先生に可愛がられている……ずっと自分と人を比べるのは普通のことだと思っていました。自分の価値は人との対比で決まる、と思い込んでいたのです。

でも、もうご存知のように、私たちは一人ひとり、性格や個性や得意なことなど、全部違いますが、どの人も同じように素晴らしい存在なのです。天上天下唯我独尊と言いますが、一人ひとり、宇宙で唯一の存在なのです。それをハートで知ること、それが究極の対処法だと思います。一人ひとり違うけれどみんな尊いのです。

でもなかなかそうは思えないものですよね。そして私たちは今、それを時間をかけて学んでいる最中です。人とは比較しないと自分で思っていても、どこかであの人と自分とを比べていたりするものです。そのような比較を少しずつ落としながら、私たちは自分自身に戻っていく途上にあるのです。そしてその途上でこの癖を手放すには、まずは、人と自分を比較しているときに、比較している自分に気づいてください。「ああ、私はあの人と自分を比較している。あの人の方が高い（低い）と思っている」ということに気づくのです。そして、それを責めず、ただ、受け入れてください。「私はまだ人と自分を比較している。でもその自分も許します」と思うのです。すると、身体がほっとして、ちょっと楽になります。そして、人と自分を比較していることに気づくたびに、この言葉を繰り返します。すると、いつの間にかあまり人と自分を比べていない自分に気づくでしょう。気づく、それを許す、これは私たちが魂に戻るプロセスで、自分のネガティブな部分を手放すための一番基本的な方法なのです。どんなときも、「それをしている自分、感じている自分に気づく」「それをしている自分、感じている自分を無条件に受け入れ、許してあげる」のです。そして、あとはホ・オポノポノの言葉を繰り返しましょう。

ごめんなさい。許してください。ありがとう。愛しています。

自分に優しくしてあげましょう。何かをしている自分、至らない自分、ダメな自分、どんな自分にも優しく、愛の言葉をかけてあげてください。すると、あなたの心も身体もほっとして、リラックスして、そして怒りや自己卑下や人との比較などで凝り固まっていたハートが、少しずつ、開いていくのです。

4

過去のうまくいかなかった出来事を洗い流すには

過去のことは過去のこと、起こったことをひっくり返すことも変えることもできません。自分が行ったことを後悔して、他のやり方だったらきっとうまくいったのに、と思ってももう遅いのです。それに別のやり方をして成功したかどうかだってわかりません。あの人のせいでこんなことになってしまったと、起こったことを他の人のせいにしても、あなたの心は晴れないでしょう。

もう、起きたことは起きたこととして、受け入れるより仕方ありません。それはそうなるようになっていただけです。その出来事に、失敗した、悔しい、自分はなんて情けないんだ、あの人さえいなければ、といろいろな思いや感情をくっつけているのは、あなたなのです。

さらにそれに続く出来事を思い出していくと、もしかしてその失敗やうまくいかなかったことがあったおかげで、何かを手に入れているかもしれません。小さなことでよく言われるのは、電車に乗り遅れて会合に間に合わず、上司に叱られたけれど、でもそのおかげで電車の中で昔の友人に会えた、なんてことは良く起こります。

ずっと尾を引いている昔の出来事とは、そんな小さな出来事ではないかもしれません。でも、それがあるおかげで、実は今のあなたがあるのです。そして、すべてはあなたが自分で引き寄せたことなのです。常に「引き寄せの法則」は働いているのです！

だから、起きたことは起きたこと、それをありのままに受け入れましょう。すると、たぶん、それは単なる一つの過去の出来事になって、あなたはそこにあまりネガティブな感情を持たなくなっている自分に気がつくかもしれません。

5

失敗やうまくいかないことは、自分自身について学ぶよいチャンス

もう一つ、よく言われるのは、何か失敗やうまくいかなかったことは、あなたがそこから必要なことを学ぶために自分で引き寄せているということです。そして、ちゃんと自分自身について学び終えるまで、あなたは何回でも繰り返し同じことを引き寄せます。そして、あなたが学んだときには、もうそのことは必要なくなって、もう同じことを引き寄せなくなります。そしてあなたもそんな過去が気にならなくなるか、またはそれに感謝するようになるでしょう。あなたの波動が上昇したからです。

私たちはずっと、外側から与えられる様々な出来事に対して、自動的にいつも同じように反応して行動していました。子供時代に教え込まれ、体験的に身につけてしまった思い込みや感情が、私たちにそのような機械的な反応を植え

付けてきたのです。そして今は、それを取り除いて、外側の出来事に自動的に反応するのではなく、自分で行動を選択して対応できるようになることが大切です。過去のことにくよくよするのも、自分を新しく生まれ変わらせるためのチャンスでもあるのです。そんなときは、どんなことに自分が自動的に反応しているか、よく観察してみましょう。他人のどんな言葉にすぐに傷ついているか、何を見るとつい悲しくなって動けなくなるかなど、自分が繰り返している行動に気づくと、次からはもっと冷静に行動できている自分に出会うでしょう。

6

自然に周りを好きな人ばかりにするには

それはあなた自身があなたの好きな人のようになれば良いのです。もし、親切で優しい人が好きならば、あなたが親切で優しくなればいいし、静かな人が好きならば静かな人になってください。類は友を呼ぶ、あなたはあなたと同じような人を引き寄せるだけなのです。そして、もっと簡単に言えば、あなたは自分と同じ波動を持つ人を引き寄せるのです。あなたの波動が細やかで温かいのならば、あなたの周りには自然と同じように細やかで温かい波動を持つ人が集まってきます。たぶん、波動が荒くて冷たい人は、あなたの周りから消えてしまうでしょう。

それでも、時にはあなたが嫌いな人が周りに現れることがあります。その人もあなたが引き寄せています。あなたにはまだ、あなたが嫌だと思う人が持つ波動が残っているからです。そしてその波動を何とかしたい、捨てたい、と思うと、あなたはその波動を持つ嫌な人を引き寄せて、そこで自分がまだ持っていた嫌な波動に気づき、それを手放す決心をするのです。だから、その人にも結局は感謝しましょう。

一番問題なのは、あなたが自分自身を嫌いなときです。すると、あなたは自分が嫌いな人ばかり、周りに集めてしまいます。自分が嫌いな人はいろいろな問題を持っていて、友達としてはあまり居心地の良い人たちではないかもしれません。

だから、もし、好きな人に囲まれたい、と思ったらあなた自身をまず、大好きになることです。でもこれって、自分の好きな自分になること、と同じかもしれませんね。

7

嫌なあの人が気にならなくなる方法

嫌いな人がいるときは、あなたは相手の嫌な部分だけを見ています。人にはいろいろな面があって、右から見るといい人、左から見るとちょっと問題あり、かもしれません。そしてあなたはその人の一面にしか目がいかなくて、それがたまたまあなたの苦手なところなのだ、というのが真相だと思います。

そして、苦手なところとは、あなた自身の中にあるあなたが嫌っているあなたの一部です。自分の中にないものは、他人の中に見ることはできない、と言います。自分の中にあるからこそ、人の中にも同じものがあることに気づくのです。そしてその部分はあなたがとても気にしている。だから同じものを持っている人を見ると、そこしか見えないし、どうしても嫌ってしまうのです。

嫌いな人が大勢いるとしたら、あなたはまだ自分がかなり嫌いだ、ということです。自分の一部を許せないでいるという証拠です。だから、もし、嫌いな人がいたら、自分自身をよく見てください。彼も彼女も、自分の一部だと思ってください。そして、ただ無条件に、すべてを許すのです。その人を嫌っている自分も、自分の中にある許せない部分も、その人全体も、すべてを許してしまうのです。「あの人を嫌う自分、自分の中にある同じ部分、あの人の存在、あの人が自分の周りにいること、それを全部許します。受け入れます」と宣言してもいいでしょう。

そしてやはり、ホ・オポノポノですね。

愛しています。

ごめんなさい。

許してください。

ありがとう。

そしてすべてをニュートラルに戻していきましょう。

第7章

「運命の出会い」を引き寄せる極意

1

あなたの運命の人はどこにいるのか?

あなたの運命の人が誰か、どこで出会うか、いつ出会うか、またはそのような人には今生は出会わないことにしているか、すでにあなたは自分で決めてきています。ここで言う運命の人とは、あなたにとって特別の人、たぶん、恋人や結婚相手のことです。それほど特別の人であれば、あなたの魂はすでにその人のことを良く知っているはずです。つまり、輪廻転生を繰り返しているあなたは、その人とは今までにも何回か、出会っているはずだからです。そして今回も、このときに出会ってどのような関係を体験するか、二人で約束しているのです。だから、焦っても仕方ないのです。

ときどき「どうすればその人が運命の人だとわかりますか?」と質問する人がいます。出会った相手が運命の人かどうかわかるのは、あなただけです。あなたのハートが教えてくれるのです。ただ困ったことに、人によってはハートで感じる力を失っていて、それを感じ取ることができない場合もあるようです。でも、それだからこそ、運命の人が現れて、必死になってあなたのハートをノックしてくれるのかもしれません。

とはいえ、今のあなたは相手が誰かも、いつ出会うかも、どこで出会うかも、全く知りません。すっかり忘れているからです。だから、運命の人に出会えるかもしれないと思うことは、なんでもどんどんやってみてください。魅力的な女性、または男性になろうとしておしゃれをしたり、出会いを求めていろいろなことをしたり、なんでもしたいことはやってみましょう。でも思うに、運命の人は、そんなことで引き寄せることはできないでしょう。あなたのすべきことは、自分自身について学び、魂を磨き、自分の波動を高めることです。そうすれば、たとえ、あなたが今生では運命の人に出会わないことにしていたとしても、きっと幸せになれるからです。

2

私たちの人生に現れる人は全部運命の人

運命の人、と言うと、つい、恋人とか結婚相手を思い浮かべる人が多いと思います。少し広く考えても、自分を成功に導いてくれた人や親友などまででしょうか。

でも、私は出会った人はすべて運命の人だと思っています。私たちはすでに人生のシナリオを作っていて、今はそれを実行しているのだと私は思っていますが、そのシナリオには私たちが出会うすべての人が書き込まれています。そして、その人たちはそれぞれに私たちに影響を与えてくれます。ある人は大きな影響を与え、ある人はちょっと針の先でつつくくらいだけ、そしてある人はずっと私たちのそばにいて長く影響を与え、ある人は衝撃的な影響を与えながらもすぐに私たちのシナリオから消えていくなどなど、それぞれに私たちの人生を豊かに彩ってくれるのです。だからこそ、出会った人は私たちの運命の人、私たちの人生を先へと進めていってくれる人たちなのです。この人との出会いは、あの人との出会いがなかったら起こらなかった、あの人との出会いは、もっと以前に知り合った誰かがいなかったならば……といったように、すべては鎖のように繋がっているのですから。

だから、すべての人を大切にしましょう。大切にするということは、出会う人には愛をこめてハートで接するということです。一期一会とも言います。出会う人はすべて運命の人だとわかれば、おのずと誰に対しても心から愛をこめて接することができるようになるでしょう。

3

親との関係をよくする方法

親子の関係は私たちに最も大きく影響しています。普通、私たちが生まれてすぐに接する相手は両親、特に母親です。愛のない親も世間にはいるようですが、一般的には、両親は愛情いっぱいに一生懸命、私たちを育ててくれていますす。でも、それがかえって私たちを傷つけたり、制限づけたり、本来持っている私たちの力をそいだりする結果になることがよくあるのです。

赤ちゃんは純粋で、持って生まれた力をそのまま表現しています。そしてありのままの自分そのものです。でも、両親や家族、先生、学校などは、自分たちの思い通りの子供にしたいと思って、赤ちゃんが生まれたとたんにいろいろと教え込みはじめます。そして子供は本来の力を失い、自分に制限を付け、純粋な心を失ってしまいます。その結果が今の私たちなのです。

そして私たちの多くは親に対して不満や怒りを持っています。親の育て方や言葉や行動によって自分が傷ついたり、自信を失ったりしたことを知っているからです。そのために、両親に感謝の気持ちを持っているとしても、親との関係に問題を抱えてしまいます。

それをよくする方法は、自分が感じている親に対する怒りや不満を明確にして、それを何かの形で表現することです。一番簡単な方法は、心を静めて子供の頃を思い出し、親に言われて悔しかったこと、怒りを感じたこと、恐ろしかったことなどを、具体的に思い出してください。そして、それをただ、ノートに書き出していきます。「お母さんに叱られて、とても怖かった」「あのとき、あんなことを言われてとても悲しかった」などなど。一つ思い出すと、きっといくつも思い出し始めます。それを最初は怒りを込めて、悲しみを込めて書いていくのです。

直接、両親と話し合うのは、うまくいくこともあるかもしれませんが、結構難しいものです。両親は愛情いっぱいに育てたのに、この子はそれをわかってくれない、と両親はなげき、親子関係がもっと悪くなりかねません。関係をよくするには、あなた一人が自分の心に巣くっている怒りや不満、恨みつらみを解放すればよいだけです。両親は両親の生き方でよいのです。彼らがわかってくれなくても、あなたさえ自分の中にあるネガティブな思いを捨てることができれば、あなたはとても軽やかになって、今までよりもずっと明るく、確かな人生を送ることができるようになるのです。そして不思議なことに、あなたが彼らから勝手に一人で自由になると、両親ももっと自由に、明るく生きられるようになることが多いのです。そして親子関係は良くなってゆきます。

4

あなたは愛そのものです

すべてのものは同じものからできていると言います。そしてその同じものとは、愛です。すべては愛からできています。すべては愛そのものです。そして、私たちも愛そのものなのです。私たちは愛でないことはできません。すべてが愛であり、愛以外には何一つないのですから、私たちも愛であることしかできないのです。

私たちはそのことを忘れてしまったのです。そして自分は不十分だから何か他のもの、人とは違うものにならなければならないと思い込んで、今のような自分になり、今のような世界、お互いに争い、競争しあい、相手を敵だと思い込む、苦しい世界を作ってしまいました。

今は本当の自分に気づくときです。あなたは愛なのです。それを知ってください。それを発見してください。そして毎日、鏡の中の自分に向かって、「私は愛です。愛そのものです。素晴らしい存在です。人は誰もが愛です。みんな一つなのです」と語りかけてください。

自分が愛そのものであるとわかった時、あなたの世界は完全に変わってしまいます。世界もまた愛そのものであるとわかるからです。そして、そのような「愛の人」であることを自覚した人が増えてゆけば、世界はもっと愛と光の存在になってゆくでしょう。

あとがき
「引き寄せの極意」をマスターするためのポイント

この本を読んでいただき、ありがとうございました。

「引き寄せの法則」は宇宙の法則であり、スピリチュアルな生き方の入門だと思います。あなたの波動が細やかになればなるほど、人生のすべてがうまく動き始めます。私達はこのことを「人生が円滑状況に入る」と表現しています。何も意図的に考えなくても、欲しいもの、必要なものは自然と自分のところにやって来るし、会いたいと思う人には必ず会えるようになってきます。これこそが引き寄せの極意状態なのでしょう。その秘訣を簡単にまとめれば、やはり、自分を大切にして、愛に生きることではないでしょうか。これは易しい事ではありませんが、力を抜いて、毎日を楽しみながらマスターしていきましょう。

引き寄せの極意をマスターするための、いくつかの大切なポイントを箇条書きにしてみます。

1、自分を知ること。
2、自分を見つめること。
3、自分を認めること。
4、自分を愛すること。
5、自分に優しくすること。
6、自分を許すこと。
7、自分を笑うこと。
8、自分を評価すること。
9、自分を大切にすること。
10、自分を褒めること。
11、自分を楽しむこと。
12、自分の好きなことをすること。
13、自分に感謝すること。
14、愛に生きること。
15、やることすべてに愛をこめておこなうこと。

16、親孝行をすること。
17、自分を愛だと思うこと。
18、幸せになること。
19、自分に満足すること。
20、自分を責めないこと。
21、遠慮しないで、自分の生きたいように生きること。

どうでしょうか、出来そうですか？

すべては自分から始まります。そして次に、すべてを大いなるもの、神、宇宙、または大いなる自己にお任せすると、すべてがうまく動き始めます。

そして、いつもサインを読む練習をしましょう。もし何か楽しそうな集まりの話を聞いたら、ぜひ参加してみましょう。そこには楽しい人が沢山集まっています。自分を信じてサインに従って生き、頭ではあまり考えずにハートで生きることが大切です。

自分の人生で、何か嫌な問題が起こったとしても、それは何かをあなたに気づかせるために起こっていることを知りましょう。この世界は本当に完璧にできていて、あなたはいつも守られていることをわすれないでください。

最後に、この本の企画を私達にしてくださった興陽館の本田道生さんに感謝したいと思います。

２０１５年12月　山川紘矢

山川亜希子

引き寄せの極意
あなたはうまく
使いこなせていますか。

2016年1月30日　初版一刷発行

著　者　山川紘矢
　　　　山川亜希子

発行者　笹田大治
発行所　株式会社興陽館
〒113-0024
東京都文京区西片1-17-8 KSビル
TEL:03-5840-7820
FAX:03-5840-7954
URL://www.koyokan.co.jp
振替:00100-2-82041

装　丁　福田和雄(FUKUDA DESIGN)
校　正　新名哲明
編集人　本田道生

印　刷　KOYOKAN.INC.
D T P　有限会社ザイン
製　本　ナショナル製本

ISBN978-4-87723-198-9 C0095

山川紘矢、阿部敏郎
死の秘密に迫った一冊！

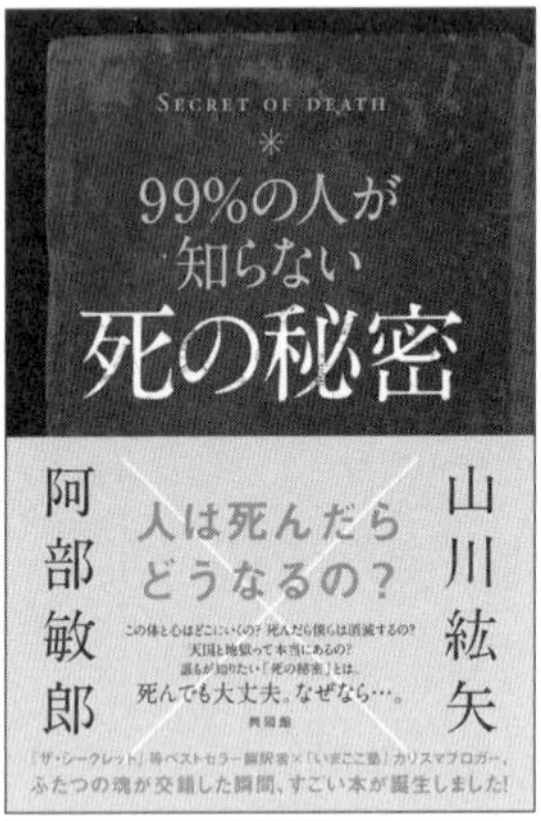

99パーセントの人が知らない 死の秘密

山川紘矢・阿部敏郎

人は死んだらどうなるの？　この体と心はどこにいくの？
死んだら僕らは消滅するの？　天国と地獄って本当にあるの？
誰もが知りたい「死の秘密」とは。死んでも大丈夫。なぜなら…。

第1章 「死ぬ」ってどういうこと？
（「死」を定義すると…。魂ってそもそもなに？ ほか）
第2章 「死に方」を考える
（自殺したくなるほどつらく苦しいことがあったとき　もし「余命宣告」されたなら…。ほか）
第3章 死後の世界を想像してみる
（臨死体験って、どんな感じ？　天国と地獄って本当にあるの？ ほか）
第4章 死ぬのは怖くない
（人は死なないと言われても、やっぱり死ぬのが怖い…。
死ぬこと以前の問題として、病気になるのが怖い…。ほか）
第5章 いま、この瞬間の自分ってなに？
（人生で一番大事なことはなんだろう？　物足りない。生きている実感が欲しい！ ほか）

●定価（本体1500円＋税）　●四六版並製
ISBN978-4-87723-189-7 C0095

ごんおばちゃまの暮らしの方法

あした死んでもいい片づけ

家もスッキリ、心も軽くなる47の方法

ごんおばちゃま

お部屋、家、人間関係も、この本でスッキリ!

モノがなくても豊かに生きるため今日からやっておきたい47のこと

●定価(本体1200円+税)　ISBN978-4-87723-190-3 C0030

あした死んでも片づけ　実践! 覚悟の生前整理

ごんおばちゃま

モノをへらす具体的な方法が満載!

必要最小限ですっきり暮らす。今日からシンプルライフ

●定価(本体1200円+税)　ISBN978-4-87723-194-1 C0030